마음이 마음을 잇다

너의 이름을 불러줄게

너의 이름을 불러줄게

초판 1쇄 발행 2021년 12월 17일

지은이 김경진
펴낸이 장현수
펴낸곳 메이킹북스
출판등록 제 2019-000010호

디자인 장지연
편집 장지연
교정 강인영
마케팅 김예지

주소 서울특별시 금천구 가산디지털1로 142, 312호
전화 02-2135-5086
팩스 02-2135-5087
이메일 making_books@naver.com
홈페이지 www.makingbooks.co.kr

ISBN 979-11-6791-064-6(03810)
값 15,000원

ⓒ 김경진·2021 Printed in Korea

잘못된 책은 구입하신 곳에서 바꾸어 드립니다.
이 책의 전부 또는 일부 내용을 재사용하려면 사전에 저작권자와 펴낸곳의 동의를 받아야 합니다.

홈페이지 바로가기

메이킹북스는 저자님의 소중한 투고 원고를 기다립니다.
출간에 대한 관심이 있으신 분은 making_books@naver.com으로 보내 주세요.

마음이 마음을 잇다
너의 이름을 불러줄게

I'll call your name

김경진 에세이 시

밤이 샐 때까지 갈 수 없을 것 같더라도 기어코 출발을 감행하는 것.
보고 싶다는 생각이 들자마자 어디에, 어느 시간에 있든 상관하지 않고
너에게 가야 직성이 풀리는 것. 나에게 사랑이란 이처럼 단순하다.

메이킹북스

프롤로그
#사랑이 단순해야지

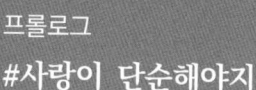

밤이 샐 때까지 갈 수 없을 것 같더라도
기어코 출발을 감행하는 것.
보고 싶다는 생각이 들자마자
어디에, 어느 시간에 있든 상관하지 않고
폭주하는 차처럼 속도를 높이는 것.
배가 고픈지도 모르겠고
목이 말라도 거침없이
너에게 가야 직성이 풀리는 것.

나에게 사랑이란 이처럼 단순하다.

목차

프롤로그 #사랑이 단순해야지 ·5

첫째 장, 모든 요일이 너였다

꽃 세 ·14 모든 요일이 너였다 ·15 너의 이름을 불러줄게 ·16 달빛 편지 ·17 콩깍지 ·18 보헤미안 애사(愛事) ·19 동백 애사(哀事) ·20 살구꽃 유감 ·21 고장 난 시계 ·22 아왜나무에 기대어 ·23 4월의 연인 ·24 손 편지 ·25 걱정거리 ·26 꽃무늬 원피스를 입혀주고 싶은 여자 ·28 보통 말고 특으로 ·30 모든 날들의 쓸모 ·31 치약을 짜 놓는 여자 1 ·32 치약을 짜 놓는 여자 2 ·34 녹음을 품다 ·36 밥 잘하는 여자 ·38 열애(熱愛) ·39 꽃 속의 꽃 ·40 쇄빙선처럼 ·41 눈의 서사 ·42 맹목의 밤 ·43 습관성 그리움 ·44 인연 ·45 백길 해변에서 파도가 멈추는 것처럼 ·46 뜨거운 밥 ·47 숫눈을 밟으며 ·48 나의 하루 ·49 명품 ·50 십일월의 소묘 ·51 몸살 ·52 마법 ·53 꿈꾸고 싶지 않아 ·54 점화 ·55 겁쟁이 ·56 개성이 넘치고 싶진 않아 ·57

둘째 장. 시간의 기준

너에게만 ·60   별일 없자 ·61   거리의 밀도 ·62   "함께 있을수록 더 많이 좋아!" ·63   다시 태어나도 엄마 딸 할게! ·65   아빠는 그만 할게-출사표 ·67   금대리에서는 용서를 한다 ·69   피튜니아 세러피 ·71   일상의 레시피 ·73   불 맛 ·74   뱀이다 ·75   오늘만 봐줄게 ·76   달팽이의 길 ·78   딴짓 좀 할게요 ·79   속멋 ·80   나도풍란 ·81   깃들다 ·82   시간 수리공 ·83   4월이면 그대가 신록처럼 들어온다 ·84   썩음의 변주곡 ·85   습설 ·87   탈피 ·88   별꽃 ·89   거대한 꿈 ·90   우울의 씨 ·91   철학관 블루스 ·92   쉰 소리 ·94   소문 ·95   디딤돌 ·96   예지몽 ·97   다시 ·98   차원을 바꾸자 ·99   소멸 시효 ·100   12월 31일 ·101   1월 1일 ·102   신년 운세 ·103   시간의 기준 ·104   첫눈 ·105   영광 세탁소 ·106

셋째 장, 그리움 종결자

모란 향에 눈물이 난다고 울었다 ·110 그리움을 먹었습니다 ·111 이별을 멈추었습니다 ·112 소문이 들리면 ·113 웃는 얼굴 ·114 두릅 ·115 감성적이면 어때서 ·116 타이레놀 ·118 변해야겠다 ·119 다시 한담에 서다 ·120 다시, 정동진 ·121 특별한 손 ·122 어떤 날이어도 ·123 거짓말 ·124 매발톱꽃 ·125 그냥 웃어봤다 ·126 광대나물꽃 ·127 예정된 그리움 ·128 벚꽃 밥상 ·129 토란탕 ·130 후시딘 ·131 친구 ·132 봄 마중 ·133 소식 ·134 2월의 봄 ·135 겨울비, 사흘째 ·136 걱정이 살을 파먹는다 ·137 입술 각질 ·138 가루눈 ·139 안개비 ·140 위로의 원칙 ·141 생활의 비전 ·142 휴면기 ·143 나무에게 ·144 동백愛 ·145 그리움 종결자 ·146 자장면 ·147 추억의 상징 ·148 익숙해지지 않는 이별 ·149

넷째 장, 삶이 불만인 그대에게

변이 ·152　카페인의 힘 ·153　콤플렉스의 쓸모 ·155　복달임 ·157　거리 두기의 기술 ·159　내 돈, 내 산 ·161　브런치의 아침 – 글쓰기를 놀이처럼 ·163　적당한 거리 ·165　나이답게! ·166　과장해서 괜찮을 필요는 없어 ·167　최선이 다 최고가 되지는 않아 ·169　글쎄, 그게 최선일까 ·170　나의 최선이 모두의 최선이 아니다 ·171　욕구 다이어트 ·173　코로나 블루 ·175　개운한 관계 정리법 ·177　알레르기 ·179　봄과 손을 잡다 ·180　웰빙일 ·182　이방인으로 살기 ·183　반격 ·185　언어의 기운 ·187　불만인 그대에게 ·188　불치병 ·190　역습 ·191　호사다마 ·192　익숙해지지 말자 ·193　이사의 의미 ·194　무심법 ·196

다섯째 장, 나다운 나에게

endemic ·200 With ·201 응급실에 가을장마가 난입하다 ·202 주사를 맞으며 ·203 끼니 ·204 잡놈 ·205 겨울 속의 봄 ·206 나처럼 ·208 속보(速步) ·209 겸손 ·210 엄마의 난청 ·211 안경을 맞추며 ·212 1월의 봄 ·214 새벽 낭만 ·215 Insider와 Outsider ·216 싫어할 권리 ·218 감정 다이어트 ·219 봄바람과 생일 ·220 꽃 눈물 ·221 이사 ·222 센 척 ·223 일상의 일탈을 바라며 ·224 밥 짓는 저녁 ·226 Take out ·227 성스러운 맹세 ·228 어쩌다가 ·229 식도락 ·230 뻔하다 ·231 쓰레기 청소 ·233 환골해야 탈태가 된다 ·234 뒤집기 한판 ·236 선택의 값 ·237 벌거지에 쏘이다 ·239 사소한 접대 ·240 아주 잠깐만 마스크를 벗고 ·241 조절 장애 ·242 회피주의자 ·243 뾰루지 ·245 격리 ·246 애증의 한계 ·247

에필로그 #이별을 멈추다 ·248

감각에 들어오는 모든 요일이 너였다.

첫째 장,

모든 요일이 너였다

✦ 꽃 세

이팝꽃 무리 사이에 하늘이 사글세를 내듯
햇살을 세 들였습니다.

나는 그대라는 이름이 핀 꽃밭에서
온종일 기꺼움에 취해 꽃 세를 내며 사는 중입니다.

✦ 모든 요일이 너였다

오늘이 월요일인지 금요일인지
구분하지 않게 되었다.
진한 향기가 풍만하다면 팥꽃인지 라일락인지
이름이 중요하지 않게 되었다.
현호색과 괴불주머니가 닮았듯이
살고 있는 요일이 비슷비슷해졌다.
너에게 반하고 나서부터 오늘과 내일을
구별하지 못하는 시맹이 되었다.
뜨거워지고 있는 마음을 달궈대며
감각에 들어오는 모든 요일이 너였다.

✦ 너의 이름을 불러줄게

발부리에 밟혀도 다시 고개를 드는 작은 풀잎이라고
임무를 마치지 못한 채 비바람에 떨어진 꽃잎이라고
이름이 없을 것인가.

아무렇게나 흘러가는 계곡의 물소리라고
포말로 사라지고 마는 잔파도 소리라고
자기의 메아리를 갖지 않았겠는가.

가벼운 숨소리 한 번만으로도
얼핏 비치는 자잘한 미소만으로도
나에게는 너의 이름이 살아가는 전부의
의미라는 걸 돌려 말해본다.

너를 향해 날마다 부동자세가 되어 이름을 부르면서
어떤 순간이 맛깔스럽지 않을 것인가.

내 가슴을 향해 피고 있는 부용화 같은
너의 이름을 부르고 불러줄게.

✨ 달빛 편지

이별을 이별해야 하는 생이 끝날 순간까지
품고 있어야 할 사람은 그대 이외엔 없습니다.

왜냐고 물을 필요는 없습니다.
처음부터 나의 마음은 그대로부터 파생되었습니다.

파란 달이 낮을 가리지 못한 채
흰 구름 위에 떠 있는 새벽부터

열대야를 잉태한 저녁달이 맨하늘에 기댄
낯빛을 감추지 못한 채 지쳐 있을 때까지

얼마나 사랑하는지 보여줄 수는 없지만
잠이 들 때에도, 잠에서 깰 때에도

나의 세상은 그대가 시작이고 끝입니다.

✦ 콩깍지

더 예뻐지려 하지 않아도 돼요.
살아갈 수 있는 모든 공간이 존재하는
이 세계에서 그대에게 견주어도 될 만한
예쁨은 없어요.

✦ 보헤미안 애사(愛事)

조금 비틀대며 살아왔다는 걸 인정할게.
너에게로 가는 길은 만만한 게 아니었어.
어디에, 언제 있을지 모르는 막연함이
중심을 잡지 못하게 했다는 변명은
나름대로 설득력이 있지 않을까 우겨보는 거야.
받아들여 달라고 억지는 부리지 않을게.
너의 앞에 이르러서야 심장이 덜덜 떨려서
방황이 보람되었음을 알게 되었다는 건
나만의 간절함이었을 거야.
떠돎을 멈출게.
이제 나는 보헤미안의 낭만에서 해방될 거야.
너를 찾아가는 여정은 길었지만 지루하진 않았어.
계절이 바뀌어 가는 시간도 결국은
너를 향해 머리를 들고 있었음을 알게 된 이후로
나에게도 반복되어 일어나는
속내의 변화들에 적응하며 내가 부리고 있던
치기들을 정화시키기도 했지.
나의 방랑은 애초부터 너에게서 비롯되고
너에게로 끝을 맺는 거였어.

✦ 동백 애사(哀事)

새붉은 동백이 잎 사이에서 피었다 지고,
땅 위에서 피었다 질 동안
내 가슴속에서는 그대가 강렬하게 피고
졌다는 것을 고백하고 싶었습니다.
내가 품고 사는 그리움은 동백이 필 때 시작해
꽃이 퇴색할 때 옅어집니다.
생애의 한 주기를 그렇게 나는
그대로부터 시작하고 맺기를 반복합니다.

✦ 살구꽃 유감

비슷하다는 분류가 싫었습니다.
다른 이름으로 불리는 경우가 허다했지요.
꽃이라는 통칭으로 막 대하기도 하더군요.
피는 시기가 겹치는 데다가
금세 져야 하는 운명을 타고났습니다.
맨 처음에 피든지, 화려한 군락을 이루든지.
주목받을 수 없는 개화를 받들어야 합니다.
어쩌겠어요.
알아주지 않는다고 피지 않을 수 없지요.
생식을 담보하기 위한 꽃을 내놓으려
봄을 기다린 마음은 다른 꽃에 못지않게 간절했답니다.
그대를 사랑한다고 말꽃을 피우기 위해
아무도 신경 쓰지 않아도 묵묵한 살구나무처럼
나 역시 호된 겨울 같은 날들을 견뎌냈지요.
꽃샘바람쯤이야 같잖게 밀어낼 수 있어요.
그대가 옆에 있다면 흐드러지게 마음 주름이 펴질 겁니다.
살구꽃같이 티 나지 않을지라도
해마다 그대의 곁에서 피고 있을게요.

✦ 고장 난 시계

하루를 평생처럼 살아내고 있다는
말을 해야겠습니다.
시간을 감지하는 인지 능력이 고장 났습니다.
즐거운 불편입니다.
수리할 필요가 전혀 없습니다.
일상을 일구고 있는 텃밭에
당신의 이름이 개화한 날부터
평생도 하루 같아졌기 때문입니다.

✦ 아왜나무에 기대어

여름이 성숙해지는 숲 입구에
해당화가 붉은 꽃잎을 흥건하게
늘어뜨리고 있습니다.
망종화는 지고 피기를 반복하며
아왜나무 주변을 보초병처럼 지킵니다.
한낮의 뜨거움을 피하기에는
잎이 무성한 나무 그늘만 한 곳이 없습니다.
열기에 젖은 이마를 손바닥으로 훔치며
아왜나무 군락으로 들어가
상록 잎처럼 나무에 등을 붙입니다.
곁에 선 그대의 얼굴이 그늘에 숨어든
물봉선화같이 발갛게 익었습니다.
어떤 시간과 공간을 살아가야 하더라도
그대를 향해 쉬지 않고 사랑하겠다는
약속은 무제한 유효합니다.
나에게 삶의 바다를 향한 출발은
언제나 그대가 루틴이기 때문입니다.

✦ 4월의 연인

4월 중순의 오후가 연두색 나뭇잎들을 조금씩 짙어지게 하고 있다.
따뜻하다가 서늘해지는 바람이 부리는 변덕은 익숙해지지 않는다.
"그대를 만나는 시간은 언제나 낯설었으면 좋겠다.
손가락 끝만 닿아도 심장이 파랗게 저려 왔으면 좋겠다."라고
속말을 눈빛에 담아 그대 앞에 내밀었다.
두 손으로 받아 드는 듯 눈을 깜빡이는 그대에게 4월의 오후가 안겨
있다.

✦ 손 편지

이번 생은 그대로부터 비롯되어서
그대에게 머물겠습니다.

왜냐고 미소 지으면
무작정 그대뿐이라서 어쩔 수 없다고
머리칼을 쓸어 넘길 수밖에요.

이유는 만들지 못하겠습니다.
그대가 가슴에 들어온 이후
가식 없는 솔직함이 삶의 무기가 되었습니다.

그대가 있는 시간에만 나를 잃지 않습니다.
내 생이 그대 곁에서 다시 시작한 까닭입니다.

왜냐고 정색을 하면 머쓱해질 겁니다.
말로는 다 드러내지 못할 벅참에 주눅이 드니까요.

✦ 걱정거리

걱정을 많이 하는 사람은 대개 소심한 성격이라고 여겨진다. 심리적인 억눌림에 약하다, 의지가 빈약하다고 평가를 해버린다. 과연 그렇게만 생각하는 것이 맞는 것일까. 걱정거리가 있어도 천하태평인 사람들이 있지만 대부분의 사람들은 자신에게 다가온 문제에 대해 전전긍긍하게 된다. 지나치게 소심해서가 아니다. 자신에 대한 보호 본능이 그렇게 만든다. 풀리지 않는 문제에 대해 대범하게 털어내는 사람은 많지 않다. 작은 문제일지라도 그대로 남겨두면 뒤가 찜찜하다. 자꾸 되돌아보게 된다. 하물며 신상에 위해를 가할지도 모르거나 금전적 혹은 물리적인 피해를 입을 우려가 있는 문제라면 그대로 방치해 둘 수가 없다. 심장이 떨린다. 머릿속에 온통 어떻게 하지, 라는 막연함이 들어찬다. 마음이 답답해서 다른 일에 집중을 못하게 된다.

걱정이 없는 사람은 없을 것이다. 나에게는 감당하지 못할 걱정거리지만 남들이 보기엔 그저 사소한 틈으로 보이기도 한다. 반대로 별일 아니라고 여긴 일이 사실은 거대한 후폭풍을 가진 걱정거리가 되기도 한다. 걱정은 걱정을 불러온다. 마음을 갉아먹는 괴물이 된다. 삶의 시간들이 불편하고 불안하다.

걱정이다. 그대에게 사랑을 퍼붓고 나서부터 넘쳐나는 사랑이 그대에게 덜 닿을까 봐서. 그대가 내 마음의 한가운데서 한시라도 비켜설까 두려워서. 바람이 거칠게 불고 집중 호우가 오는 날이면 그대에게 가는 길이 더딜까 걱정이다. 피하지 못하고 받아 내야 하는 땡볕이 그대를 향한 질주를 지체시킬까 걱정이다. 나에게 단단한 걱정거리는 오직 그대를 어떻게 더 새롭게 사랑할 수 있을까 뿐이다.

✤ 꽃무늬 원피스를 입혀 주고 싶은 여자

나는 꽃무늬 원피스를 좋아한다. 그렇다고 직접 입고 싶다는 것은 아니다. 치마를 입어보고 싶다는 생각은 해보지도 않았다. 쇼윈도에 마네킹이 입고 있는 꽃무늬 원피스를 보면 즐겁다. 화려한 꽃의 색색이 눈을 즐겁게 해 준다. 꽃들은 모양도 크기도 색깔도 다양하다. 큼직한 해바라기 꽃무늬가 프린트된 원피스부터 작은 꽃들이 무수히 수놓아진 원피스까지. 꽃들의 아름다움에 입꼬리가 올라간다. 실물보다 생생하게 그려진 꽃 옷을 입고 있는 마네킹이 금방이라도 유리를 통과해 밖으로 나올 것처럼 보일 때면 눈꼬리가 치켜올라간다.

"생일 선물로 꽃무늬 원피스는 어때? 입으면 엄청 신날 것 같은데."
"신나? 내가? 생각 안 해 봤는데."
"아니, 내가 신날 것 같아."
"이상하네. 옷은 내가 입는데 왜 자기가 신이 나?"
"자기보다는 아니지만 볼 수 있는 예쁜 꽃이 많아지니까 그렇지!"
"자기 눈에 여전히 내가 꽃은 꽃인 거야?"
"말이라고. 우주에서 최강 예쁜 꽃이지."

아내에게 꽃무늬 원피스를 입혀 주고 싶다. 꽃들에게 둘러싸인 아내의 눈웃음 꽃이 만발한 꽃밭을 보고 싶다. 옷감에 핀 꽃들이 내가 사랑하며 지키고 있는 유일한 꽃을 빛나게 해 줄 것이다. 꽃무늬 원피스를 좋아하는 이유다.

✦ 보통 말고 특으로

나에게만 특별하면 됩니다.
하늘 아래에서 오직 나 이외에,
나보다 특별해질 이유를 가진 사람은
그대 말고는 없습니다.

나를 넘어서는 사랑을 받아도
당연하게 수긍이 되는 사람은
세상이 열리고 난
이전과 이후에 그대뿐입니다.

보통으로 대접받는 그대면 안 됩니다.
별나디별난 특으로
섬기고 싶은 마법에 걸렸습니다.

나에게는 그대만이 유일하게 지켜야 할
특별한 사랑입니다.

✦ 모든 날들의 쓸모

가지를 늘어뜨리게 매달린 아카시아 꽃의
군무가 바람을 멈추게 하고 있습니다.
싱그러운 생명의 의지를 담아낸 냄새가
숲을 정신없도록 흔들어 댑니다.
낮은 담장을 휘감은 넝쿨장미는
붉은 울타리를 단단히 치고 있습니다.
어디를 둘러봐도 지금은 찬란한
5월이라고 새겨져 있습니다.
어찌, 오늘만 새롭게 보이기야 하겠습니까.
숨을 쉴 수 있는 모든 날들이 하나같이 감탄입니다.
날마다 거뭇하게 커지는 턱수염을 만지는
반복의 일상이 은혜롭습니다.
다 마신 커피 잔을 씻어내며 흘러내리는 물소리가
콧노래를 불러내도록 경쾌합니다.
그대에게 빠져들고 나서 모든 날들이
달리 보이는 기이한 꽃이 피었습니다.
빠지면 빠질수록 즐거운 향기에서
헤어 나오지 못하게 하는 아카시아 꽃처럼,
날렵한 가시 사이에서 맹렬하게 아름다움을
잉태하고 있는 짙붉은 장미처럼
그대와 함께라면 모든 날들이 5월입니다.

✦ 치약을 짜 놓는 여자 1

피곤하면 소름이 끼치도록 이를 가는 잠버릇이 있다. 이를 악물고 자는 것이 원인이다. 맨정신으로는 표현하지 못한 응어리를 그렇게 자면서 풀고 있었나 보다. 신경이 쓰이는 일이 있고 나서는 자고 일어나면 어금니가 시리다. 저주를 풀듯 이를 갈았을 것이다. 혼자서 스트레스를 감당하는 소심한 성격 때문이다. 마우스피스를 끼고 자 보려 했지만 호흡이 불편해 포기했다. 가뜩이나 불면증에 시달리며 숙면을 취하지 못하는데 입에 들어찬 이물감을 극복해 낼 수가 없다. 턱이 결린다. 치통이 두통을 불러온다. 이갈이가 복합 장애를 발생시킨다. 나 이외의 사람에게 죄 없이 살고 싶다는 생각은 여전히 유효하다. 그렇다고 생기는 전부의 고통을 지고 살아야 하는 멍에는 사양한다. 지나친 희생을 감수하려는 마음도 일종의 질병일 뿐이다. 육체와 정신이 평온하기를 원한다. 이를 맞물고 어긋나게 갈아대는 잠에서 풀려나고 싶다. 빠드득거리는 소리에 질려서 제풀에 놀라 깨기를 멈추고 싶다. 아내는 언제부턴가 이갈이 소리를 멈추게 하기 위해 선잠을 자고 있는 내 몸을 흔들어 깨우지 않는다. 이가 갈리는 소음과 섬뜩함을 참아준다. 좋지 않은 기분으로 잠자리를 청하지 않았으면 좋겠다고 예비 처방을 한다. 스트레스를 함께 공유하자고 한다. 일부를 털어놓는다. 그러나 속에 쌓인 찌꺼기까지는 긁어내지 못한다. 아내의 잠자리까지 헝클어뜨리고 싶지 않아서다. 몸부림을 친 흔적을 침대에 남겨 놓고 일어나 욕실에 가면 칫솔에 치약이 가지런히 짜여 있다. 이빨 사이에 끼어 빠지지 않는 감정의 잔해들을 얼른 칫솔질로 닦아내기를 바라는 아내의 안쓰러움의 표시다. 치약이 칫솔에 짜여 있는 날이 점점 줄어들면 좋겠다. 삶의 무게들에 대범해지도록 애써야 할 나이다.

✤ 치약을 짜 놓는 여자 2

　코로나19 변이가 1차, 2차로 단단한 생명력을 과시하는 것 못지않게 계절의 여왕이라는 5월의 날씨 변화도 종잡지 못하겠다. 한나절 긴팔 옷을 벗겨냈다가 다음 날에는 도톰한 외투를 찾게 한다. 기온이 널을 뛴다. 비바람에 섞여 동전만 한 우박을 쏟아냈다가 뜨거운 대낮의 태양열로 대기를 말린다. 이래저래 적응이 되지 않는 날씨를 따라가다 코감기에 걸렸다. 재채기가 자주 나온다. 코를 간지럽히는 꽃가루도 한 역할을 한다. 코로나에 감염되지 않기 위해 사람들이 많은 곳을 피하다 보니 병원에 가기도 꺼려진다. 자신과 타인을 위해 제한된 자유 안에서 지내야 한다. 불편을 감수하는 것에 익숙해져야 한다. 행동이 제약을 받고 개인의 취향도 억제가 된다. 더불어의 삶을 지켜가기 위한 불가피한 선택이다. 불편이 불평이 되지 않는 배려를 코로나19가 강요한다. 바이러스의 변이처럼 자유의 가치도 변화를 하고 있는 것이다.

　뒤척거리던 잠에서 깨 힘겹게 기지개를 켠다.
　"괜찮아요?"
　제일 먼저 들려오는 목소리에 걱정기가 진득하니 묻어 있다.
　휴지를 찾아 막힌 코를 풀고 자다 깨기를 반복하는 모습을 밤이 끝날 때까지 지켜보았을 것이다.
　이부자리에서 선뜻 일어나지 못하고 뭉개고 있는 찌뿌둥함을 풀어주려고 뭉친 어깨를 주무르고 저린 팔과 다리를 두드려 준다.

　등을 내주고 엎드려 힘드니까 그만해도 된다고 건성으로 말을 하지만 뭉친 근육들이 시원해짐을 포기하지 못한 채 베개를 목에 받치고 가만히 누워 있는다.

　"오전까지는 바람이 차대. 샤워하고 옷 따뜻하게 입어야 해."

　"응, 응."

　요 며칠 아침의 대화는 날씨의 동향으로 시작한다.

　욕실에 불을 켜고 들어가니 오늘도 칫솔에 치약이 가지런히 짜여 있다.

✧ 녹음을 품다

나무가 틈을 벌려 내놓은 길은
좁을수록 정감이 깊어집니다.
가지와 가지가 닿고 나뭇잎들은
다른 나뭇잎들과 서로의 몸을 부딪치며
함께 숲을 풍만하게 만들어갑니다.

윤기가 나는 나무의 몸통을 손바닥으로 공명하며
타박타박 급할 이유가 생기지 않는 느린 걸음으로
녹음을 품는 날은 고까웠던 사는 일들에
감염되었던 푸른 멍들이 옅어집니다.

때죽나무가 산바람에 종알거리는
하얀 종꽃들을 흔들어 반겨줍니다.
아카시나무는 꽃 무리로 만들어 낸
향기로 숲을 마취시킵니다.

갈수록 두꺼워지는 녹음을 다발로 엮어
그대의 손에 쥐여 주고 싶습니다.
풀잎도, 풀꽃도 예쁨을 뽐내지만
그대에게는 미치지 못합니다.
그대가 이미 나를 눈멀게 흘려버렸기 때문입니다.

좁은 길을 어깨를 맞대고 걸으며 녹음보다는
그대를 더 깊게 품습니다.

✦ 밥 잘하는 여자

쌀 씻는 소리가 클래시컬하다. 물에 담갔다 쥐락펴락 빠지는 손에 뜨물이 아이스크림처럼 하얗다. 콧리듬을 타는 뺨에 옅은 홍조가 막 시작되고 있는 노을 같다. 창밖을 바라보며 일상의 저녁이 돼 가고 있는 소리에 집중을 한다. 칼과 도마가 내는 마찰 소리. 가스레인지 켜지는 소리. 찌개 끓는 소리. 밥솥에서 김이 빠지는 소리. 손이 바쁜 여자의 달그락거리는 소리. 맛은 소리들이 어울리는 합창이 만들어 낸다. 밥맛을 탐식하게 해준 여자를 만나기 전까지 식당의 구석진 자리에서 정이 담기지 않은 밥상으로 한 끼의 허기를 쏜살같이 때우던 시간이 길었다. 혼밥과 혼술이 편하다고 거짓 너스레를 떨었지만 사실은 밥 한 끼 해치우는 것이 외롭고 성가셨다. 여자를 사랑하게 되면서 넘치도록 받고 있는 정성이 뱃살을 자꾸 늘린다. 맛의 평가는 의미가 없다. 맛깔난다. 먹고 싶다는 말만 하면 4인용 식탁이 금방 넘쳐나도록 차려낸다. 겉절이를 무쳐내고 나물을 버무린다. 갈치와 조기를 굽고 된장국은 기본이다. 좋아하는 산 낙지가 탕탕이가 되고 초무침이 된다. 저녁마다 요리가 달라진다. 한 번 먹은 반찬은 연이어 밥상에 올라오지 않는다. 가볍게 목을 축일 비아 막걸리 한 병을 올려놓으면 만찬이 완성된다. 생선살을 발라주고 쌈을 싸 주는 여자와 마주 앉은 저녁이 푸짐하다. 마음 상하는 일 없이 담담하게 살고 싶다는 소원을 이뤘다. 맛있게 사랑을 먹고 싶다는 꿈이 현실이 되었다. 밥이 일상을 평화롭게 해준다. 밥 잘하는 여자가 우상이 되었다.

✦ 열애(熱愛)

당신의 얼굴이 눈을 감아도 그려지게 익숙해졌지만
처음 본 순간, 그때로 내 감각은 멈춰 있습니다.
항상 새롭고 볼수록 처음인 듯합니다.
입꼬리가 올라갈 때면 눈초리가 파르르 떨려야
내가 발산하는 웃음기에 집중하고 있다는 것을 압니다.
내가 품고 있는 간헐적인 침묵에 감염되어
당신의 눈동자가 시무룩해질 때면
북극에서 남극까지 가슴이 철렁 떨어집니다.
당신을 알게 된 이후로 쉼 없이 동공이 움직일지라도
시선에서 놓친 적이 없습니다.
시신경이 시작되고 있는 지점에 당신의 잔상들이 박혀
눈부처 속 눈부처가 되었기 때문입니다.
오늘도 당신은 내가 알고 있는 처음입니다.

✣ 꽃 속의 꽃

그대가 놓아두고 간 해바라기 조화 꽃술에서
언뜻 향기를 맡았습니다.
며칠 전에 내린 눈이 여전히 녹지 않을 만큼
영하의 바람이 매섭습니다.
창문 사이를 비집고 들어온 바람의 기운에
겨울이 봄보다 간절하게 깃들어 있습니다.
때를 다할수록 떠나기를 거부하는
집착이 세지는 걸 겁니다.
속옷 바람으로 커피 잔을 들고
물 없는 화병을 차지하고 있는 노란 해바라기와
핏물 같은 모란을 물끄러미 봅니다.
사철 지지 않는 꽃잎이 생생합니다.
우리에게 불꽃처럼 일어난 사랑이 사그라들지 않고
열렬하게 핀 그대로를 지켜가고 싶습니다.
한 잎, 한 잎으로 만들어져 있는 꽃에서
그대의 살냄새가 물씬 풍겨납니다.
그대는 꽃 속의 꽃이었습니다.

✦ 쇄빙선처럼

귀를 얼얼하게 포위하는 바람을 맞고 있습니다.
봄으로 몸을 기울이고 있는 나무는
가지 끝에 물이 오르기 시작한 듯합니다.

나무의 간절함보다 먼저 겨울을 밀어내며
내 몸은 당신을 향해서 기울어 있은 지 오래입니다.

당신은 나에게 여전히 모든 감각을 일으켜
반응을 하게 만드는 햇빛입니다.
가슴 안에 떠올리는 것만으로도 기운을 돋우어
살아가도록 제공하는 생명수입니다.

귓바퀴를 돌아 나가는 바람이 곧 따뜻해질 것입니다.
쇄빙선처럼 아무리 단단할지라도
겨울을 깨며 당신에게로 가고 있습니다.

당신, 믿어주세요.
내가 품고 있는 생의 의지는 전부
당신으로부터 샘솟고 있다는 것을.

✦ 눈의 서사

사락거리며 쌓이는 눈 소리를 들을 수 있는 시간을 갖고 살고 싶다.

새벽을 업고 오는 미명이 나뭇가지 사이를 통과해 온다.

밤사이 뒤척거리던 솜이불을 걷어내고 이르게 잠에서 깨어나

얇은 옷을 입고 창가에 서서 흰 눈이 내리는 풍경을 볼 수 있다는 것은

마주해 있는 생의 시간표를 잠시 쉴 수 있는 때다.

멀리에서 여전히 오고 있는 그리움은 그대로 놓아둔다.

보고 싶어지면 기꺼이 내가 찾아가면 된다.

보이지 않는 그날을 미리 보려고 조급해지지 않으리라.

아직 꺼지지 않은 가로등 불빛에 반짝이는 눈의 입자들처럼

나를 빛나게 이끌어 줄 등불을 기다리는 중이다.

곁에서 나를 지켜주고 있는 사람의 낮은 콧소리가

새벽의 찬 기운을 들숨과 날숨으로 흔든다.

길가에서 하얗게 머리를 장식한 소나무가 서사적으로 줄을 서 있다.

✦ 맹목의 밤

지금은 너를 놓치지 말아야 할 때,
호된 바람에 섞인 눈보라가
세상을 삼킬지라도
너를 감싸 붙들어야 할 때.
생을 유지할 수 있는 단 하나의
불빛만이 남아 있을지라도
꺼짐을 감수한 채 빛 가림 삿갓을 벗겨내고
정작 너에게만 집중하고 싶은 밤.

네가 내 전체의 생명이기 때문이다.

✦ 습관성 그리움

나의 하루는 너로부터 시작해서
너를 향해 끝이 난다.
들숨으로 들어왔다
날숨으로 나가기를 무한 반복한다.
해가 뜨고 해가 지는 대자연의 순리처럼
낮과 밤이 너를 따라 다닌다.
보고 싶은 마음이 하루의 처음과 마지막까지
너에게만 쏠려 있는 습관성 그리움이다.

✦ 인연

첫사랑처럼 은근하게 가슴이 뜨거워집니다.
소식을 지워 잊힌 것이라 생각할 수밖에 없었던
이루지 못한 사람을 찾은 듯 유쾌하게 떨립니다.
열정이 끊어졌던 마음을 잇도록
처음부터 마지막 인연은 당신에게 닿아 있었나 봅니다.

✦ 백길 해변에서 파도가 멈추는 것처럼

백길 해변에 이르면 잔파도가
거품을 모래밭으로 밀어올리고
멈추고 싶어 합니다.
등을 미는 바람의 무등에서 내려와
다시 바다로 밀려가서 떠돌아야 하는
파도가 되고 싶지 않아섭니다.
백길 해변에서 파도가 멈추는 것처럼
이제 그림자같이 그대에게 달라붙어서
떨어지지 않겠습니다.
고운 모래 알갱이들의 밀도가
발자국이 나지도 않게 단단한 해변에서
파도처럼 나도 그대에게 멈추겠습니다.
바람을 막아선 아름드리 소나무처럼
그대를 둘러선 방풍림이 되겠습니다.

✦ 뜨거운 밥

김이 올라오는 흰밥 그릇은
눈으로 먹어야 진품 맛이 난다.
코를 벌름거리며 냄새에 취하고
고이는 침을 삼키기를 반복하면서
식지 않을 뜨거운 온도를 맞춤한 밥상은
인증 사진을 찍듯 눈으로 맛을 봐야 한다.
한 상 차려내기 위해 아내의 손가락은
도마 위를 잰걸음으로 뚜벅이며
칼걸음마를 멈추지 않았을 것이다.
잔디 빛깔 앞치마에 연신 손을 훔치기를
여러 번 반복했겠지.
새침한 눈으로 시계를 흘려 보며
기다림을 콧노래로 불렀겠지.
밥공기를 호위 무사처럼 둘러선 반찬 접시로
식탁에 꽃을 피운 더운 밥 한 그릇의 사랑은
마음으로 먹어야 일품의 맛을 음미할 수 있다는
신혼의 뜨거운 밥.

✦ 숫눈을 밟으며

사랑하고 있다는 말은
당신에게만 아끼지 않고 싶습니다.
쇳소리가 날 때까지,
소리가 나오지 않을 때까지.

흔들리지 않는 눈빛을
당신에게는 멈추지 않겠습니다.
진물이 나오더라도,
눈을 뜰 수가 없더라도.

들리지 않는다고 말하고 있지 않은 건 아닙니다.
고개를 숙였다고 보고 있지 않은 건 아닙니다.

나의 말은 사랑한다는 되풀이어입니다.
나의 시선은 당신에게 붙박이입니다.

당신의 손깍지를 끼고 걷는 날 동안
아무도 지나가지 않는 숫눈처럼
담백하게 그리고 수수하게 이어질 것입니다.

✦ 나의 하루

나의 하루는 나 이외에 당신에게만 허락된 나라다.
걱정거리가 하루의 장바구니를 무겁게 채워 와도
한 가지씩 덜어내며 삶의 시간이 이어진다.

막강한 수고로움들이 때때로 몰려와서
마음을 압도적으로 짓눌러도
진창이 되지 않도록, 쑥대밭처럼 헝클어지지 않도록
모든 분초를 점령하고 있는 사람이 당신이기 때문이다.

사랑하는 사람을 지켜가고
좋아하고 있는 것들에게 신명을 다할 수 있게
단호한 지킴이가 있는
나의 나라는 당신의 왕국이다.

하루가 당신에게 길들여져 갈수록
나의 나라에는 당신만이 살아 있다.

✦ 명품

세상을 통틀어 가장 아름다운 사람은
지금 바로 옆을 지켜주는 사람입니다.
화려한 명품 옷을 입지 않고 있어도
백옥 같은 피부를 지니고 있지 않아도
내 곁에서 나와 함께 밥을 먹고 잠을 자고
숨을 쉬고 있는 것 자체가 명품의 자태입니다.
눈이 멀고 귀가 들리지 않는다는
유별난 사랑 표현을 하지 않으면 어떻습니까.
지나가는 한마디 정이 담긴 말과
가벼운 소맷자락 스침만으로 서로의 존재를 믿는다면
루이비통보다, 샤넬보다, 에르메스나 구찌보다
품격이 깊은 이름값이 높지 않겠습니까.
손을 뻗으면 금방 따뜻함이 잡혀 오는
세상에서 유일하게 나에게만 빛나는 사람을
사랑하는 마음이 명품입니다.

✦ 십일월의 소묘

당신을 알고 나서부터 날마다
다르게 시작되고 있습니다.
살고 있는 시간이 모두 새롭습니다.
혼자만이 짊어진 짐처럼 잘 해내려다
뒤로 엉덩방아를 찧는 일들이 태반이었습니다.
할 수 있는 무게만큼만 감당하면 된다는 것을
부인했던 시간이었습니다.
혼자서 질 수 있는 짐은 한정되어 있기 마련입니다.
과도한 무게를 덜어내고 해도 될 만큼만
남겨놓은 후에야 나 이외의 사람들이
내뿜고 있는 고달픔이 보이고
풍경들의 색깔이 눈에 들어왔습니다.
당신이 곁에 있는 그날부터 生이 생소해졌습니다.
십일월의 만추처럼 삶이 차분해졌습니다.

✚ 몸살

이유가 뭘까, 저려오는 근육의 경련을
느끼는 것이 부담스럽기는 하다.
무엇에 무리를 했을까, 미열이
이마를 타고 뺨으로 내려온다.
마음이 바빴나 보다. 쉴 틈을 내지 못하고
너를 향해 다가가야 했다.
나 이외에 다른 생각에 빠지게
둘 수가 없었다.
잠깐의 여유가 내 발걸음을
지체시킬까 두려웠기 때문이다.
딴생각이 들지 못하도록 정신없이
나에게 집중시켜야 했다.
내가 가진 가장 센 전략은 혼란이었다.
전신에 퍼져 있는 모세 혈관을 타고
나른함이 전해진다.
너에게로 가서 유쾌한 몸에 탈이 났다.
끙끙대며 아파도 거북하지 않은
몸살을 앓는다.

✦ 마법

사소한 것이 더 의미가 있어진다. 이전엔 아무런 관심도 없던 것이 그와 연결되면 가장 소중해진다. 그가 있었다던 지명, 그가 자주 갔다던 찻집, 그가 즐겼다던 음식. 그가 좋아했다는 것이면 무엇이든 애착이 가게 된다. 마법이다. 사람이 사람을 사랑하게 된다는 것, 그 자체가 중독이다. 내가 내가 아니게 되고 그와 내가 혼동이 된다. 정신을 차리고 싶지 않다. 그에게 모든 생각을 집중해야 마음이 안정된다. 그도 나와 같을 것이라는 믿음에 감전되어 있다. 그가 있는 곳이면 어디든 좋다. 그의 옆에 있어야 불편하지 않다. 그와 내가 분리되지 않는다. 보이지 않는 마음도 볼 수 있다고 믿는 것, 나보다 우선인 존재로 인정한다는 것, 그래서 사랑은 마법이다.

✦ 꿈꾸고 싶지 않아

불편하면 꿈이 생생해진다. 마음이거나 몸이거나 잠자리가 편안하지 않으면 어김없이 꿈을 꾼다. 대부분의 꿈은 기억이 왜곡되거나 섞여서 선명하지 않은 것이 보통이다. 기분 탓일 것이다. 불편하다는 것은 결국 기분의 문제다. 부담으로 남아 있었거나 떠올리기 싫은 일이 꿈이란 현실 도피의 형태로 의식을 파고 들어온 것이다. 그래서 꿈이 생생하게 기억나는 아침은 섬뜩하다. 꿈을 꾸는 날이 적어졌으면 좋겠다. 편하게 살고 싶다는 말이다. 짐이 되는 마음이 남지 않도록 살고 싶다. 아픈 곳이 없는지 걱정하고 탐색하며 살고 싶지 않다. 잠을 청해야 할 때가 되면 푹신하게 등을 대고 스르륵 단잠에 빠져들 단정한 공간에 항상 있었으면 좋겠다.

그대의 품이라면 꿈꾸지 않는 잠자리가 되고도 남을 것 같아서 꿈이 아프다고 나는 칭얼대고 있다.

✦ 점화

그대에게만 밝혀진 불등이 되고 싶어요.
탈수록 밝게 빛을 키우며
옮겨 붙는 점화가 되고 싶어요.
그대의 이름, 단 하나로만 뜨거워지고
더 열렬해지는 사람이 되겠어요.
그대 역시 나에게만 타올라 줘요.
내가 그대를 애태우며 사랑하는 것처럼
그대도 나에게 속마음을 드러내 주면 좋겠어요.
믿고 있어요. 그대의 겉치레 같은 인사에도
무섭게 반응을 하며 내가 얼마나 설렜는지.
살아갈 세상을 어떻게 아름답게 만들었는지.
이제 알기 때문이에요.
그대의 마음이 나를 사랑으로
이끌었다는 걸 진실로 알고 있어요.
영원히 점등시켜 줄 불씨의 온도를 유지해 주세요.
나의 밝음은 오로지 그대로부터
시작된 지 오래되었으니까요.

✦ 겁쟁이

그대를 만나고 모든 일이 두렵다.
함께 가고 있는 길이 어긋날까 봐서.
간절히 지키고 있는 기대에 닿지 못할까 봐서.

마음을 낮추고 몸을 조심한다.
흐트러진 머리카락을 그러모으고
먼지 묻은 옷을 털어내며 단정해진다.

두 손을 모으는 시간이 길어졌다.
그대의 눈꼬리가 올라가 있는 모습을 보기 위해
눈을 크게 뜨려 깜빡이는 순간이 많아졌다.

그대가 나의 사람이 된 이후로
단꿈 같은 사랑에 흠집이라도 날까 봐
무서움에 떠는 겁쟁이가 되었다.

✦ 개성이 넘치고 싶진 않아

평범하게 둥글둥글 살아갈 수 있는 것이 좋아.
튀지 않으려 애쓰며 살고 싶어.
돋보이는 모난 돌이 되고 싶은 마음이 없어.
너를 사랑하기 시작하면서 그렇게 됐다는 말이야.

너라는 세상을 알기 이전과 이후가
너무나 달라져서
깜빡 내가 어땠는지 잊어버리곤 해.

이마를 가로지른 두 갈래 깊은 주름이
신경질적일 거란 편견을 먼저 알렸고
작은 눈주름은 인상을 날카롭게 쏘아붙여
보는 사람의 심정에 두드러지게 닿았어.

지금은 어떠냐고! 말해 뭐 해.
입꼬리는 치켜 올라가 이마에 걸려 있고
골이 패인 주름 사이엔 웃음기를 파동처럼 번져내는
잔물결 주름이 점령군처럼 포진하고 있지.

쓸데없이 개성이 넘치고 싶지 않아.
너를 사랑하며 살아가는 모든 일이 평평했으면 해.

곤욕스러운 삶의 시간과 열기로 타오르기

시작한 시간의 기준은 당신입니다.

둘째 장,

시간의 기준

✤ 너에게만

준 대로 받으려고 하지 않을게.
받은 만큼보다 수만 배로 돌려주고 싶은 거야.
오직 너에게만.

✦ 별일 없자

살아온 날과 살아갈 날이
얼추 비슷해진 생의 시간에 있다.
뜻을 품고 미래를 설계하던 때는
오래전에 지났고
도전과 꿈이라는 단어가 머쓱해졌다.
안정과 안전이라는 말에
더 많이 무게추가 기운다.
"별일 없지!"라는 말이
주변 사람들과 하는 대화의 첫머리를 차지한다.
"별 탈 없이 살자!"라는 말로
서로의 상태를 응원하며 대화를 맺는다.
신경을 써서 에너지를 발산하는 일이 없었으면 한다.
드러내야 할 과장된 기쁨도 싫다.
정치, 경제, 사회 어느 쪽에서도
한편으로 치우쳐 격앙되지 않았으면 좋겠다.
오늘은 그럭저럭 별일 없자.
내일도 이래저래 별 탈 없자.

✦ 거리의 밀도

가까울수록 소홀해지는 거리는
지속되지 못할 이기적인 거리입니다.
서로를 지켜주고 받아들여야 사람답게 살아지는
사람과 사람의 거리는 밀도가 중요합니다.
나무와 나무의 거리는 지나치면 솎아내야
서로의 곧은 가치를 살려내지만
관계를 만들고 이어가는 사람의 거리는
밀접할수록 다부져집니다.
동물과 식물에게도 그들만의 거리를
받아들이는 방법이 있겠지만 표현의 방식에는
단순한 한계가 있을 겁니다.
말의 거리, 몸짓의 거리, 표정의 거리는
사람만이 풍부하게 공유할 수 있습니다.
그대를 향해 나는 쉴 새 없이 거리를 좁히고 있습니다.
그대와의 거리는 밀착이 지나쳐
밀도를 따질 필요가 없으면 좋겠습니다.

✦ "함께 있을수록 더 많이 좋아!"

"여봉~~ 나는 함께 있을수록 더 많이 좋은데,
여보는 어때."
콧소리가 황홀하게 묻어나는 아내의 말을 듣자마자
맹렬하게 머리가 돌기 시작한다.

머뭇거리면 안 된다.
의도를 정확히 파악하고 적확한 답을 내놓아야 한다.
과장이 적절해야 한다.
지나쳐도 안 되고 모자라면 더 죽음이다.

"어, 엇! 누구 맘대로 이렇게 예쁜 소리만 하는 거야.
미리 내 허락을 받고 해야지."
일단 말머리를 돌려 한숨 쉬어도 의심이 없도록 한다.
"울 여보는 봐도 봐도 예뻐.
옆에만 있어도 나는 마구 행복해져."
닭살 돋는 말을 잘해야 예쁨을 받는다는 걸
이미 알고도 남는 나다.

주말 저녁이 되어서야 만나는 우리에게
함께 있는 시간이 아깝고 아깝다.
집에 도착하자마자 열렬히 뽀뽀를 해야
떨어져 있던 시간이 합쳐진다.
팔에 힘을 양껏 주고 사지를 밀착해 안아야
떨어져 있던 공간이 하나가 된다.

샤워를 하고 나오면 수건을 들고 있다.
알몸의 물기를 구석구석 닦아주고
드라이기로 머리를 말려준다.
스킨과 로션을 얼굴에 발라주고
바디크림을 팔다리에 둘러준다.
귀지를 청소해 주고 삐져나온 코털을 깎아준다.
눈썹 칼로 눈썹을 정리해주고
밥까지 저작 운동을 대신해 삼켜줄 기세다.

부끄럽다고 하지 말라고 하면 눈 흘김이 무섭다.
"내 것 내 맘대로 할 테니 상관 말아."
야시시하게 뜬 눈을 코앞에 들이민다.
어찌 사랑하지 않을 수 있겠는가.
복덩이가 집 안을 이리저리 빈틈없이 구르고 있는데…….

✦ 다시 태어나도 엄마 딸 할게!

"다시 태어나도 엄마 딸 할게."
가족 단체 톡방에 올라온 서른이 넘은 딸의 엄마 생일 축하 문자다.
뭉클한 감정이 먼저 올라올 만한 문자를 읽으면서 왠지 씁쓸해진다.
"감동! 감동! 우리 공주님 사랑해!"
아내의 답글을 읽으면서 미소가 지어졌지만 엄마로 살아온 시간이 자신을 위해 산 시간과 엇비슷해진 나이가 안쓰럽다.

엄마의 자식에 대한 사랑은 모성애라는 본능이다.
본능에는 조건이나 이성이 개입되지 않는다.
간혹 궤도를 벗어난 본능이 있기는 하지만 지극히 특수한 경우에 해당할 뿐이다.
엄마가 되면서부터 자신의 이름으로 사는 것보다 아이의 이름으로 살아가면서 행복을 찾으려 한다.
성인이 된 자식이 자기 생을 찾아가고 난 이후에도 모성은 그치지 않는다.
모성이란 본능은 무섭다.

본능의 부작용도 심상치 않게 온다.
자신의 그늘을 벗어난 자식의 빈 공간을 감당하지 못해 우울증에 걸리기도 하고 허무의 늪에 빠지기도 한다.

"자식 키워놔야 다 헛것이야! 무심한 것들. 지들도 이담에 저 같은 아이를 낳아 봐야지." 하며 가끔 불평을 하는 아내의 모습을 떠올린다.

그러면서도 전화벨이 울리기만 하면 금세 함박웃음을 짓고 목소리가 하늘 끝으로 튀어 올라간다.

다시 태어나는 불상사!가 일어날 일이 없겠지만 딸은 엄마의 생일이라며 나름 최고의 찬사를 고르고 골랐으리라.

언제 투덜거렸냐는 듯 입꼬리가 이마까지 올라간 아내에게

"다시 태어날 수 있다면 엄마가 네 딸 할게."

라고 깐죽대는 농담이라도 하라고 말해준다.

✦ 아빠는 그만할게 - 출사표

　세상에서 가장 아름다운 직업이 있다면 '아빠'라는 직업이다. 빠져나올 수도 없고 빠져나올 이유도 없는 천직이다. 아이가 둥지를 이소하기 전까지는 하늘이 내게 허락한 축복 중 제일이었다. 시간과 노력을 무작정 퍼부으면서 희생이라고 생각해보지 않았다. 나에게도 부성애는 원초적인 본능이었다. 어떤 어려움이 다가와도 흔들리지 말아야 했다. 사랑을 주는 일에만 몰두해야 했다. 기꺼이 나의 시간을 아이의 시간에 맞춰주는 것이 아빠이기 때문이다.

　내가 '나'면서도 나를 위하지 않는 시간이 지나갔다. 어느 날 훌쩍 커버린 모습으로 자신의 시간을 향해 떠나간 아이에게서 나의 흔적을 좇고 있는 내 모습이 초췌했다. "라떼는"을 말하며 자질구레한 소리를 하는 꼰대가 되어 있었다. 대가 없이 퍼부은 사랑이 아까운 건 아니다. 그러나 분신이라고 믿었던 생의 파생이 닿지 않는 거리를 벌리고 있음이 허전하다. 파고들어 갈 틈이 없어진 아이의 시간은 독립된 성인이 되어 있었다.

　이제 나의 시간으로 돌아가야겠다고 생각을 하면서 할 줄 아는 것이 없어 무엇을 해야 할지 몰라 허둥댄다. 그래도 어쨌든 아이에게 모든 순간을 투입해야 직성을 다하는 아빠는 그만해야 할 때가 왔다. 아빠가 된 이후에 잃어버렸던 무엇이 되어 보겠다는 다짐과 어떻게 살아야겠다는 꿈을 다시 꾸어야 살아갈 힘이 나겠다.

여기저기, 이 사람 저 사람, 이놈 저놈. 살아온 것도 가지가지, 잘난 것도 그냥저냥. 대세를 앞세우기도 하고 대망의 크기를 부풀리기도 하며 출사표를 던지고 있는 뜨거운 여름이다. 포장지는 그럴듯하다. 구국의 일념으로. 헌법을 수호하기 위하여. 경제를 살리는 적격자라고. 국가와 국민을 위해 헌신한다고. 결국 자기 욕망을 채우기 위한 것일 뿐인 걸 모르는 사람 빼고, 모른 척하는 사람 빼고는 다 아는데.

나도 출사표를 쓴다. 품을 벗어나 독립한 아이에게 서운하다고 푸념이나 하는 꼰대는 그만할게. 아빠는 그만두고 나를 살피고 밀어 두기만 했던 나를 찾아 나설게. 나를 한없이 다정하고 살뜰히 챙기는 '내빠'나 할게.

✦ 금대리에서는 용서를 한다

바닥을 이룬 돌멩이 틈은 피라미들 세상입니다.
투명한 계곡물이 저들의 알몸을 낱낱이
공개하고 있다는 것을 아는지 모르겠습니다.
부끄럼이 없다는 것은 거리낌이 없다는 것이겠지요.
돌 틈에 붙은 먹이를 쪼아대며
항문으로는 배설을 해대고 있을 겁니다.
물풀 사이를 드나들고 바위 그늘에서 놀아나는
피라미의 물속 유영이야말로 생존은 먹고 배설하는 것이
최우선임을 여실히 알도록 해줍니다.
흐름이 멈추지 않은 물살에 손을 담근 채
물속에서 오히려 더욱 선명해지는 손금을
가만가만 눈으로 따라가 봅니다.
가는 선들과 굵은 선들이 이어지고 이어지며
손바닥 전체에 퍼져 갑니다.
멈추지 않아야 생명은 그침이 없다는 것을
피라미나 물살이나 손금이나 닮았습니다.
손 사이로 송사리가 모여듭니다.
물속에 나타난 새로운 놀잇감으로 아나 봅니다.
누구도 미워하지 말아야겠습니다.

묵혀둔 감정들을 흘려보내야겠습니다.
손가락 사이로 빠져나가는 물처럼
마음에 생채기를 냈던 시간들을 놔 줘야
나부터 용서가 될 듯합니다.
금대리에서는 놓친 시간과 방치한 마음까지
용서가 될 것 같습니다.

✦ 피튜니아 세러피

흐림이 가득한 목요일 출근길에
더운 기세가 달리지 못하는
차의 속도에 달라붙는다.
정체된 통행량을 밀어주듯
도로가에 늘어선 화단에서
피튜니아는 풀풀 향기를 발산해낸다.

잊고 싶은 사람은 잊고,
버리고 싶은 기억은 버리라 한다.
스쳐갈 바람은 못 되어도,
구름처럼 너그럽게 흘러가진 못해도
흩어지면서도 위로가 되어 주는
꽃향기나 실컷 맡으라 한다.

비보다 먼저 연무가 내려 있는
보건소 선별 진료소 앞에 줄을 선 채
코로나 검사를 기다리는
사람들의 얼굴이 지쳐 있다.

피튜니아 꽃이 피었다 지고 다시 피며

끈기 있게 근성을 지켜간다는 근황을 알리듯

참고 견디며 살라고 나약해지고 있는

피로에 재갈을 물린다.

✦ 일상의 레시피

사는 날이 일일이 다양해지고 싶지 않습니다.
예측하지 못할 정도로 높낮이가 바뀌지 않았으면 합니다.
평온한 반복이 좋습니다.

사랑하고 있는 사람들 곁에서
주고받는 마음이 평탄하기를 바랍니다.
자잘한 꽃잎을 모아 예쁜 꽃송이가 되는 팝콘수국처럼
오늘과 내일이 모여 한 묶음의 일상이 되면 좋겠습니다.

날마다 만나야 하는 일들이 자극적이지 않아서
좋고 싫음으로 갈리지 않기를 바랍니다.
갖은양념을 섞지 않아도 일정한 맛이 나는
생활의 레시피로 맛깔나게 살고 싶습니다.

변화가 변칙이 되지 않고 간절함이 억측이 되지 않는
순조로움의 레시피가 유지되기를 소원합니다.

✦ 불 맛

국과 찌개는 뜨거워야 제맛이 나듯
오늘이라는 하루가 뜨거운 맛이 나기를.
그리하여 매운 건 더 맵게,
달콤한 건 더 달달하게
가속의 맛을 기미하고 싶습니다.
가슴이 뚫리는 한 숟가락의 국물처럼
시원한 뜨거움을 맛나게
만나기를 소원합니다.
누구라도 어떤 맛으로 살고 있냐고 물으면
밋밋하지 않게 뜨거움이 개운해서
유쾌한 맛으로 산다고 대답하렵니다.
맛난 날을 살고 싶은 이유를 방해하며
두서없이 개입하는 비난이나 질시는 무시해도
맛깔난 시간을 유지하는 데는
지장이 없을 겁니다.
타인의 살맛에 찬물을 타는 이들에게
불 맛을 보여주는 즐거운 반란을
화들짝하니 끓여내고 싶습니다.

✦ 뱀이다

보기만 해도 섬뜩한 사람을 만나야 하는 것은
삶의 평온을 좀먹는 불쾌한 시간이다.
만 가지 핑계를 동원해서 자리를 피하고 싶어진다.
그러나 살아가는 일의 열에 아홉은
내가 원하는 대로 되지 않는다.
피하고 싶은 만남은 필연처럼 압박해 들어온다.
지켜내야 할 일상의 아지트로 찾아올 기세를
제어하지 못하고 피난을 선택해 찾아간
용수골 산책로에서 사특한 놈을 대면하고 말았다.
'스르륵' 풀과 풀 사이를 스치며
소름 끼치는 소리를 내며 지나간다.
팔뚝 피부가 오돌오돌 일어난다.
혀를 날름대며 바닥을 미끄러져 나가는
빠름에 진절머리가 쳐진다.
건드리지 말라는 경고처럼 기어이 눈을 마주치고
사악하게 비웃음을 남겨두고 가는 것 같다.
징그러운 놈, 뱀이다.
피하려 에둘러 멀리 달아나도 우연인 척
의도해 다가오는 오싹한 놈과 다를 바 없다.

✦ 오늘만 봐줄게

비가 오는 날을 좋아하기는 하지만 이즈음처럼 잦은 비가 좋은 것만은 아니다. 비가 올 때면 가볍게 받쳐 든 우산만으로도 마음이 쉽게 젖었다. 어떻게 시간을 써 왔는지, 어떤 시간으로 들어가야 하는지. 나를 돌아보게 되고 내면 속의 욕망들을 차분하게 다독거려 놓기에 좋은 기온과 분위기를 만들어 주기 때문이다. 그래서 나는 비가 자작자작 내리는 날을 좋아한다. 그러나 요즘은 비가 지나치게 자주 온다. 짓궂게 강한 돌풍과 계절을 망각한 듯 우박을 동원하기도 한다. 5월의 우박이라니 이로울 게 하나도 없다. 생각을 정리하고 마음을 차분히 가라앉히기는커녕 집중하지 못하고 기분을 설겅거리게 한다.

이른 시간에 잠을 털고 일어나니 밖이 어둡다. 비가 온다. 녹음이 짙어진 나뭇잎이 강한 바람에 시달리고 있다. 옷을 갖춰 입고 나서야 하지만 속옷 바람으로 창가만 서성인다. 출근길에 나선 차들이 빗길이 된 도로를 달리는 소리가 묵직하게 들린다. 돌아선 뒤 들려오지 않는 소식을 기다리기도 하고 끊어낸 인연을 후회하며 살아야 하는 것이 인생일 테다. 좋았던 시간은 짧게만 머물고 쓸쓸한 날은 오래도록 가슴을 시큼하게 할 것이다. 오늘은 궂은 빗소리를 들으며 머릿속에 흩어져 있는 감사와 애사들을 분리해야겠다.

잊어야 할 일은 기억의 창고에 감금해 놓자. 아직 쓸 만하게 기분 전환을 해주는 일은 눈앞으로 끌어내자. 오늘만 봐줄게. 마음을 마음대로 부려 봐. 귀찮은 건 멀리 두고 당기는 것만 해. 오늘은 맘껏 맘대로 나만을 봐 주자.

✦ 달팽이의 길

느려도 가고 싶은 곳을 향한 집념은 멈추지 않는다.
있어야 할 곳을 본능적으로 찾아간다.
번개가 치는 날이면 어떤가.
껍데기를 달구는 뙤약볕이 포문을 열고 있으면 어떤가.
더듬이를 세우면 가야 할 길을 향해
지닌 열정을 모두 투신한다.
거친 물결구름이 이동하는 속력에 비할 바가 아니다.
풀잎과 풀잎을 지나, 나무와 나무를 지나
공간을 바꿔가는 느림이 무섭도록 진지하다.
기어가는 속도가 존재의 의지와 비례한다.

✦ 딴짓 좀 할게요

다른 곳을 보고 있다고
너무 나무라진 말아 주세요.
집중만 하면서 살지 못하겠어요.
모든 순간을 열심히 할 수는 없잖아요.
하다가 지겨우면 한숨 돌리기도 해야지요.
하기 싫어지면 멈출 수도 있어야 해요.
매일이 보람된 날이 되지는 않아요.
되풀이된다고 일상이 같은 건 아니니까요.
예상하지 못한 일이 일어나는 날도
조금은 생소할지라도 일상이랍니다.
딴짓 좀 할게요.
죽고 사는 일이 아니라면
당장 하지 않아도 될 거예요.
삶을 귀하게 누리기 위하여
하고 있는 모든 일이 중요할 테지요.
하지만 전부를 잘 해내진 못해요.
힘들면 넋을 놓고 잠깐 쉴게요.
엉뚱한 곳을 보면서 해찰도 해야겠어요.
내가 바라보는 애착을 놓지 않아야 하는 일은
오로지 그대의 눈 속에 내 눈이
단단히 들어차 있는 것뿐이니까요.

✦ 속멋

날이 좋으면 좋아서, 궂으면 짓궂음을 탓하며
날씨에 연연하지 않고 기대는 날들이 점점 많아집니다.
비가 오면 우산을 들고 나름의 낭만에 빠져
차분히 걷는 사색을 즐거워했습니다.
눈이 오면 숫눈을 먼저 밟아 보겠다고
새벽 산보를 나가기도 했습니다.
바람은 등을 밀어주는 친구였고
찬란한 햇살은 눈부신 아름다움을 선명히 보게 해주는
눈 호강을 시켜줄 애인이었습니다.
이제는 지나치게 예민하지 않게 날의 변화를 따라
하늘에 순응을 하고 있습니다.
오래도록 천지 사방을 나대며 겉멋이 들어 살았습니다.
누군가 허세스럽다고 흉을 보면 순수했다고
정당함을 내세우고 싶을지도 모르겠습니다.
지금은 실소를 흘리는 회상을 합니다.
흔들림 없이 나의 시간을 단단히 지키고 있습니다.
쓴맛, 단맛의 시간을 살아내고 나서
겨우 속멋이 들었나 봅니다.

✦ 나도풍란

속절없다는 말은 이제부터 지니고 싶지 않습니다.
한없다는 말에는 근접해 있지 않으려 합니다.
살 수 있는 모두의 날마다 두근대고 싶습니다.
돌부리와 나무껍질에 뿌리를 내려야 하는 척박함에도
피워 올린 꽃만은 고상함을 뽐내는 나도풍란처럼
감당할 수 있는 범위의 삶에 만족하겠습니다.
이끼가 품고 있는 물기를 공유하며
속절없지 않게, 한없지 않게 지금을 유지하렵니다.
구체화되지 않은 내일의 희망이 밉습니다.
막연히 될 거라는 떨어지지 않는 집착은 믿지 못하겠습니다.
나의 피어오름은 오늘에서 멀리에 두지 않아야겠습니다.
숨이 붙어 있는 현재에서 최선을 다해 나는 피고 있습니다.

✦ 깃들다

4월의 하루들에 봄이 깃든 꽃이 폈고 꽃이 졌다.
5월의 날들에는 봄과 여름의 경계를 넘나드는
꽃들이 피고 지는 것을 지켜봐야 한다.
나는 언제나 어딘가를 향해 있다.
방향이 변하기는 하지만 잃어버린 적은 없다.
가다가 뜻밖의 해찰이 엉뚱한 곳으로 가게도 한다.
의도하지 않은 방향에서 예기치 않은 인연을 짓기도 하지만
아무런 의미가 없다고 할 수는 없다.
내가 향해 있는 사방팔방의 파생품들이
가끔은 나를 부유한 경험자로 이끌어 주기도 한다고 믿는다.
4월을 살아왔듯이 5월을 살아가는 것이 나의 정방향이다.
오면 오는 대로 받아들이고
가면 조금은 아쉬움을 담아 보내주는 것.
어떤 모습일지 알지 못할 시간은 미리 보려 하지 말자.
잡고 있다고 붙들리지 않는 것에 대하여
눈을 놓지 않는 것은 미련한 것이다.
탈 없이 잘 지내자.
방향을 정하는 나의 원칙은 시간에 깃들어 있는 것이다.

✦ 시간 수리공

시계를 손목에서 풀어놓을 때마다
가슴이 허전해집니다.
시간을 놓아주며 살아왔습니다.
옹이로 박힌 기억들을
달리 빼낼 수가 없었기 때문입니다.
살 속을 깊이 파고들어 있는 상처의 깊이는
감히 측정할 수가 없습니다.
반복해 난 생채기에 진물이 마르면
아문 살갗이 자꾸 두께를 단단히 해갑니다.
시계 바늘의 회전 주기에 맞춰
마음이 고장 나지 않게 살아볼 궁리를 하는 것이
고작 나에게 주는 보상이었습니다.
살아가는 내내 시간을 풀어주는 것은
살아온 자국 속에 있는 사람을 놓아주는 것입니다.
마모되어 제 역할을 못하는
시계의 부속품을 갈아주듯 살아갈 시간이
제대로 기능을 하도록 수리하는 중입니다.

✦ 4월이면 그대가 신록처럼 들어온다

　나무가 가장 아름다운 시간이다. 4월이다. 연한 녹색의 이파리들이 갓난아이가 쥐고 있는 앙증맞은 손을 펴는 것처럼 피어난다. 4월의 새잎들은 나무가 피워내는 가장 신비로운 꽃잎이다. 어여쁜 빛깔과 향기를 가지고 있어야 꽃의 이름을 가지는 것은 아니다. 오묘하게 눈을 사로잡는 형태를 가지고 있어야만 하는 것도 아니다. 바라보는 눈에서 편견을 지워내면 사람도 꽃이 되고 나뭇잎도 꽃이 된다. 보는 눈이 가지고 있는 마음이 꽃과 꽃 아닌 것을 구분하는 것이다. 내가 바라보는 4월의 신록들은 모두 꽃이다. 새로운 세계를 향해 돋아나는 기대들이 제각각의 모양으로 피어나는 것이다. 연록의 꽃들이 발산하는 생생한 향기를 맡으며 숲길을 걷는다. 헤아릴 수 없는 잎꽃들에 포위된다. 그대에게서 피어오르는 아찔한 향기에 굴복했던 첫 만남이 이랬다. 볼수록 깊이 빠져들어 눈을 뗄 수가 없었다. 속마음에 숨어 있던 열정이 그대의 눈 속으로 빨려 들어가고 말았다. 신록처럼 그대가 나를 점령한 순간이었다. 그대를 볼 때마다 나는 4월을 산다.

✦ 썩음의 변주곡

자정이 지나기 5분 전, 얼핏 든 잠을 전화벨 소리가 깨운다.
"썩어서 알았어요."
취기가 오른 목소리가 뜬금없다.
"말을 해야지요. 썩기 전에는 몰랐어요."
며칠 전 햇두릅이 나왔다는 동생의 전화를 받고 삼겹살집에서 마주 앉아
서로의 오랜 안부를 소주잔에 부어 마시다 비 내리는 늦은 밤에야
각자의 일상으로 복귀했던 지인의 목소리가 후줄근하다.
셋이서 먹다 남은 두릅을 싸서 검은 비닐봉지를 손에 쥐어 주던
동생의 가시 긁힌 손목까지가 기억난다.
제법 굵은 빗방울이 일찍 꽃을 피워낸 벚나무를 괴롭히는 밤이었다.

"오메. 꽃이 싹 다 떨어져 불것네."
앞 유리창에 비와 섞이는 꽃잎을 와이퍼로 긁어내며
대리운전 기사가 감흥 없이 흥얼거리는 소리를 들었던 것 같다.
살아가는 이야기들에 독하게 취해 까무룩 선잠이 들었을 것이다.
비슷하지만 같지 않은 서로의 이야기는 소주의 맛에
잘 섞이지 않는 쌉싸름한 두릅 맛이었다.

말해주지 않으면 누구든 자신이 어떤지 알지 못한다.
<u>스스로를</u> 깨닫게 된다는 것은 실없이 오랜 시간을 필요로 한다.
술기운과 잠기운에 두릅이 담긴 봉지를 차 뒷자리에 놓고 내렸다.
다음 날이라도 알려줬으면 될 것을 자연스럽게 차를 타고 내리다 보면 발견하게 될 것이란 건성건성한 생각이 당혹스러운 상황을 가져다주었으리라.
운전석 의자 밑으로 떨어져 들어갔나 보다.
보이지 않는 것들은 다른 수단이 없다면 발견되지 않게 된다.
필요에 의해서 일부러 찾지 않는다면 있었던 것인지에 대한 존재감도 부정된다.

썩는 냄새가 차 안에 진동을 해서 세차를 하다가 발견했다고 한다.
파랗게 데쳐져 먹음직스럽던 두릅은 누런 곰팡이가 슬고 비쩍 말라서 검은 관 같은 봉지에 둘둘 말려 있었으리라.
썩으면서 온 힘을 다해 자신의 존재를 알리려 고함치고 있었으리라.
"아따, 차에서 냄새 빼느라 고생했어요."

잘 썩은 내를 내면서 살아야지. 그래야 잊히지 않고 찾음을 당하게 된다.
지독하게 썩으며 살아내야 알아준다는 아이러니가 당연한 시간을 산다.
"사는 것이 썩어가는 일이제요. 시간이라고 안 썩겠어요.
놔두면 썩을 것 시간 내서 다시 한잔하십시다."
건성으로 그러자고 말을 받아주며 나는 잘 썩어가고 있는지 냄새를 맡아본다.

✦ 습설

　예기치 못한 건 아니었다. 경험상 이때쯤이란 걸 알고 있었다. 봄맞이 폭설이 한차례 지나갈 것이라고 예견했지만 움직임을 멈추어야 할 정도가 아니길 바랐을 뿐이다. 그러나 예상은 예상대로였고 습기를 머금은 눈은 폭탄처럼 뭉쳐 내렸다. 2월과 3월의 경계, 겨울과 봄 사이를 습설이 갈라놓았다. 남쪽에서는 장마처럼 비가 내리는 동안 대관령 동쪽에서는 태백산맥을 타고 무릎까지 눈이 덮쳤다. 다행히 습설은 오래 남지 않는다. 봄을 몰아오는 온화한 바람과 태양의 복사열이 본래 물이었을 눈을 빠르게 물로 환원시킨다. 소나무는 부러질 듯 바닥을 향해 기울였던 가지를 들어 올리고 상고대처럼 눈꽃을 피웠던 활엽수의 가지는 하루를 버티지 못하고 투박해진 껍데기를 드러낸다. 이제 공식적으로 겨울은 물러났다. 경칩이 지나고 춘분이 곧 도달할 것이다. 이미 매화와 산수유가 화사한 자태를 드러냈고 별꽃과 큰봄까치꽃이 봄과 겨울을 떼어놓는 시간의 틈새를 채우기 시작했다. 올 것은 왔다 가야 한다. 불편한 것이 피해서 갈 것이란 바람은 정신만 피로하게 한다. 맞이할 일은 맞아 보내야 한다. 습설이 녹아 마른 땅을 적신다. 푸석하던 가뭄이 해갈되고 있다.

✦ 탈피

　감정에 점령당하면 삶이 불안해집니다. 좋은 감정은 아드레날린을 분출시켜 흥분의 시간을 살게 합니다. 평상적인 상태가 아닙니다. 나쁜 감정은 걱정을 불러옵니다. 최악과 최선 사이를 오가며 기복이 심합니다. 이 또한 정상적인 상태가 아닙니다. 그렇다고 감정에 빠져들지 않고는 살 수가 없습니다. 삶에 재미가 없어집니다. 지나치게 이성적인 사람 옆에 있으면 숨이 막히는 이유입니다. 사람은 감정적 존재입니다. 이성은 조절 장치의 역할을 하면 됩니다. 적당한 긴장을 유발시키고 심장을 두근거리게 해주는 역할이 감정입니다. 불안하지만 삶의 맛을 선물로 안겨줍니다. 살맛을 내보고 싶습니다. 맛깔 나는 레시피를 만들어 얼큰한 생선찌개 같은 맛, 진한 꼬리곰탕 국물 같은 맛을 내며 살고 싶습니다. 쌉싸름한 봄나물 맛도 좋겠습니다. 맛난 감정과 쓴 감정이 서로 자리를 교차하는 것이 일상입니다. 지금의 감정에만 매몰되어 일상의 법칙에 무지하게 살지 않겠습니다. 마음의 크기를 품지 못하는 껍질을 벗고 싶습니다. 맛이 다른 감정들이 어우러져 독특한 풍미를 내도록 감정의 공간을 넓히고자 합니다. 오늘의 걱정이 내일까지 삼키도록 방치하고 싶지 않아서 감정 탈피의 방향을 정해봅니다.

✦ 별꽃

작다고 쉽게 살아가는 생명은 없다.
연약하다고 함부로 짓밟지 마라.
밟힐수록 일어나고 부러지면 그 자리에
다시 뿌리를 내릴 것이다.
무게를 잡고 거만하게 한 번 지나가면 끝인
도도함과는 생의 방식이 다르다.
모든 순간을 조바심치며 몸 낮추고 맘 다독이는 운명이다.
그래서 더욱 한 줌의 물과 햇빛이 은혜롭다.
상처를 주고받지 않기 위해서는
낮은 곳을 잘 봐야 한다.
잘 살아가려면 위보다 밑을 자세히 봐야 한다.

✦ 거대한 꿈

   누군가는 사고를 바꿔 지금이라도 새로운 세계로 들어서라고 한다. 또 누군가는 발상을 전환해 부를 창출하는 생업 아닌 사업을 하면 어떠냐고 한다. 좋은 꼬드김이다. 시가 아닌 소설을 써서 영역을 확대해 보고 싶기는 하다. 먹고살 걱정 없는 부를 축적해 놓고도 싶다. 늦었다는 변명을 비겁하게 하려는 건 아니다. 겁이 나서 할 수 없다고 회피하고 있는 것이 아니다. 나를 알고 있는 사람들에게 실망하는 일이 많아졌고 그들의 거침없는 해코지를 피하다 보니 나는 거창한 삶을 꿈꾸지 않게 되었다. 남에게 피해를 주지 않고 피해를 받고 살지 않는 것이 삶의 목표가 되었다. 받은 것 없이 주지 않고 주는 것 없이 받지 않는 삶. 아픔을 주고받지 않는 삶. 타인의 악의가 개입되지 않는 삶을 살고 싶다는 것이다. 밤이 되면 하루를 정리하는 소회를 간결하게 적어놓고 콩나물 반찬에 든든히 한 끼를 채우면 된다. 편안하게 마음을 고백해도 다 받아 주는 사람과 집 주변을 산책하다 손을 꼭 잡고 이른 저녁잠에 들 수 있으면 된다. 잠시라도 떨어지면 소식이 궁금해 전화기를 곁에서 떼어놓지 못하는 것, 그처럼 소박한 생활이 나에겐 거대한 꿈이다.

✦ 우울의 씨

비와 햇빛의 경계가 어둡다.
한 세계를 넘어가려면
한 꺼풀의 껍질을 깨야 한다.
싹이 트지 않게 말렸던 씨에
가는 비가 깃들자마자
경계를 넘보던 햇살이
씨눈을 발아시킨다.

내 마음이 품고 있던
우울의 씨가 깨어나고 말았다.
경계가 무너진 것이다.

✦ 철학관 블루스

물을 때마다 헷갈리는 태어난 시까지
대고 나면 사주를 풀어준다.
트이지 않는 날들에 매여 불길함에 굴복한
생활을 멈추고 싶어 찾은 철학관.
손가락을 짚어보고 펜을 끄적이며
눈을 맞추는 목소리에 저절로 고개가 끄덕여진다.
언제쯤 좋은 일들이 생기겠다는 점괘에
흥겨운 마음이 장단을 맞춘다.
이런 사람을 조심하고 어떤 사람을 만나면
운발이 닿아 좋겠다는 말엔
그동안 나를 힘들게 했던 사람을 머릿속에서 지워가고
소원하게 대했던 사람을 가슴으로 소환하기도 한다.
몸을 낮추며 살아가라는 말보다
마음 조심을 더 하라는 말이 실감난다.
마음 편히 잘 살고 싶어서, 쪼들림을 피해보고 싶어서.
거창하게 운명을 바꿔 보려는 건 아니다.
싫음을 피할 수 있다면 좋고
맞닥칠 구설수를 수월하게 넘길 수 있다면 다행이다.
구속력 없는 조언으로 새겨듣기 위해

오고 있는 날을 미리 마중해 본다.
올해 모월 모일 이후에는 대운이 트일 거라는
운세를 껴안고 황홀하게 블루스 한판 춰 보는 것이다.

✦ 쉰 소리

목이 잠기는 것은 아닌데 말을 하다보면 쉰 소리가 난다.
대화를 하다가도 흥미가 없어지면 그렇고
대꾸를 해야 할 필요가 없는 헛말들을 들어야 할 때도 그렇다.
헛소리를 예의를 차린다고 해야 하는 것이 싫어서다.
흘려들어도 될 말들이 거슬릴 때가 자주 생긴다.
깊이 생각할 가치가 없는 말들이 오히려 마음을 더 상하게 한다.
입 안에 침을 모아 삼키며 일그러지고 있는 감정을
한 템포 눌러앉히다 보니 목에 쇳조각이 걸리는 느낌이다.
들려오는 모든 말들에게 깍듯이 반응하지 말아야겠다.
듣기 싫은 소리에 대해 귀를 막고 지내는 것도
피로한 관계를 피하는 좋은 방법이다.
나에게 정성을 기울이는 사람에게만 예절을 지키면 된다.

✦ 소문

그럴 거라고 모호하게 반응하면
사실이 돼 버릴까 봐.

아니라고 흐지부지 넘어가면
변명의 여지가 없을까 봐.

호들갑스레 왜 그러냐고 부인하면
진짜처럼 믿어질까 봐.

하지 말아야겠어요.
긍정도 부정도 안 해야겠어요.

다만, 내 마음을 지킬게요.
소문을 소문대로 받아들일게요.

✦ 디딤돌

손톱과 머리카락이 자라는 속도가 다른 사람보다 빠른 편이다.
손톱은 일주일에 한 번, 미용실은 2주에 한 번씩 다녀와야 한다.
손톱이 길면 자판기를 두드리기가 걸리적거려서 글을 쓰는 데 애로사항이 발생한다.
덥수룩하게 자란 머리는 단정하지 못하게 인상을 헝클어뜨린다.
요즘 누적된 스트레스가 길게 마음에 자라 있다.
손톱과 머리카락은 잘라내면 개운해지지만 스트레스는 벗어나려고 할수록
더 무겁게 다른 상황들을 불러와 마음을 갉아댄다.
급기야 발가락 끝부터 머리카락 끝까지 탈이 나고 말았다.
모세 신경까지 민감하게 반응을 하는 통증이 정서적 고역을 추월한 것이다.
사소한 걱정거리들이 삶을 긴장시키고 잘 살아가도록 하는 디딤돌임을 안다.
하지만 오래 지속되다 보면 무기력증을 발생시킨다.
손톱을 자르고 단정하게 손질을 하듯, 머리를 다듬고 말끔하게 거울을 보며 웃듯
무게를 덜어내고 걱정이 새로운 시간을 위한 디딤돌이 되어 주기를 주문한다.

✦ 예지몽

"별일 없어?"
종종 아침에 눈을 뜨기 무섭게 울린
전화 속의 목소리가 걱정스럽게 파르르 떨린다.
"또 꿈꿨어?"
꿈자리가 안 좋으면 식구들은 대번 나에게 전화를 해 댄다.
우리 집에 걱정거리는 나뿐이다.
"밤에 잠자리가 수선하더니 아버지가 꿈에 나왔어.
그 모습이 하도 생생해서."
동생의 꿈은 예지몽이다.
좋은 일보다는 생기지 않았으면 하는 일에 더 정확하다.
오래전에 돌아가신 아버지가 하필 내 꿈은 외면하고
왜 어머니와 동생들에게만 나타나는 것인지 야속하기도 하다.
"별일 없어. 쓸데없는 꿈 좀 꾸지 마라."
통박을 주지만 사실 그럴 때마다
몸이 불편하거나 마음에 생채기가 나 있다.
서로 돌보며 무심하게 살지 말라는 말을 남긴 아버지의 영혼이
아직 의식 밑바닥에 살아 있는가 보다.
전화를 내려놓으며 중얼거린다.
'나도, 식구들도 별일 없이 살 수 있기를……'

✦ 다시

오늘을 다시 새깁니다.
다시 하는 시작은 깊이 생각하지 않고
머뭇거리지 않겠습니다.
섣부른 동정을 되풀이하지 않겠습니다.
싸구려 배려를 받지도 않을 겁니다.
무심하겠습니다.
시크해지겠습니다.
정에 이끌려 허술해지지 않을 겁니다.
쳐낼 건 쳐내고 묻을 건 묻으렵니다.
주변을 정리했습니다.
보고 싶지 않거든 안 보렵니다.
말을 섞고 싶지 않으면 절대로
곁을 허락하지 않을 겁니다.
나에게 좋은 놈만 사람 취급하겠습니다.
짐승을 사람대접하는 것은
'다시'에 포함되지 않습니다.
오늘 다시 사람다움의 탈을 씁니다.

✦ 차원을 바꾸자

찬바람이 살을 파고든다. 손끝의 시림이 다르다.

귀가 얼고 몸의 떨림이 살벌하다.

한파 경보가 내려진 이후에 얼어버린 눈은 녹지 않고

얼음에 막힌 배수구는 뚫릴 기미를 보여주지 않는다.

윙윙대는 바람 소리를 피하며 장갑 낀 손으로 볼을 감싸고

미끄러지며 동동걸음으로 빙판길을 돌아가 보지만

강원도의 맹렬한 추위를 비껴갈 수는 없다.

벌교의 꼬막 바람과는 차원이 다르다.

보성 다원에 쌓여 찻잎을 적시던 눈발과는 급이 다르다.

같은 겨울의 북풍도 맞이하는 환경이 다르면

전달받는 느낌이 완전히 달라진다.

참지 말아야겠다. 회피하지 않아야겠다.

싫으면 싫은 내를 내고 행복하면 맘껏 행복감을 표현해야겠다.

한 줌의 감정도 낭비하지 않고 내 삶의 환경에 발고를 해야겠다.

감정을 누리는 차원을 바꿔 살아야 얕잡아 보이지 않는다.

눈치보고 타협해야 하는 삶은

내가 누비고 살고 싶은 세상의 차원이 아니다.

✦ 소멸 시효

지나고 나면 기억 속에 깊이 숨어야 한다.
되풀이 소환되지 않아야
관심으로부터 도피할 수 있다.
죽어도 하지 않겠다는 말에는 하고 싶지만
참고 있을 뿐이란 뉘앙스가 배어 있다.
죽어도 못하겠다는 말이라야 하기 싫은 것이 된다.
불순한 감정을 화살처럼 쏘아대는 언쟁은
휴지통을 비우듯 메모리에서 지우고
시간의 뒷면으로 물러서야 한다.
불필요한 인과에서 소멸되고 싶다.
나에 대해 무지한 관계를 감수하기 위한
감정 소모는 죽어도 못하겠다.

✦ 12월 31일

반드시 오늘을 향해서 온 건 아니다.
오다 보니 오늘이었고 피할 수 없었다.
가다 보면 내년의 오늘에
어쩌면 운 좋게 올 수 있을 것이다.
언제나 오늘에 있겠다는 장담은 못하겠다.
어제까지 왔다가 시간이 마감되기도 할 것이다.
의식을 잃고 오늘을 넘어
내일에 깨어날지도 알 수 없다.
그래도 오늘이 소멸하지 않는 한
오고 있음을 멈추지 않을 것이다.
마무리와 시작의 순간을 놓고 싶지 않아서다.

✦ 1월 1일

소나무 잎에 쌓인 눈 위로
눈발이 다시 내려앉는다.
거창한 일을 새롭게 시작해야지 하는
억지다짐을 짜내고 싶지는 않다.
여전히 다르지 않을 오늘을
태연하게 시작하는 거다.
더딘 일을 진척시키려고 채근하며
조바심 내지 않기로 한다.
주어지지 않는 덤에는
눈길을 주지 않겠다고 약속한다.
지금 갖고 있는 것이나 잘 보살피면서
사는 삶을 지켜야 할 때다.
다리가 아프면 조금 덜 걷고
배가 고프지 않으면 조금 늦게 먹어도
좋을 시간에 있고 싶다.
소박하지만 강한 지속력을 유지하는
사소한 일상을 살아야겠다고 다독이는
1월 1일의 첫새벽이다.

✦ 신년 운세

어떤 시간에 있어도 괜찮을 거라 믿어요.
어떤 일을 해도 잘 될 거라고 말해줄게요.
충분히 잘 해왔고 사는 내내라는
당분간도 그럴 거니까요.
작은 실수들이 있을 거예요.
때로는 자존감에 상처가 가해지고
미운 사람이 생기겠지요.
무시하며 넘어가도 괜찮아요.
살아온 날보다 살아야 할 날들이 줄어가듯
성가신 관계도 다이어트가 될 거예요.
무슨 이야기를 만들며 살아가도 잘 될 거예요.
무슨 그림을 그려도 조화를 이룰 거예요.
괜찮을 삶을 꿋꿋이 지켜온
당신의 기운이 번창하는 날이니까요.

✦ 시간의 기준

　눈을 뜨면 어떤 불길함이 찾아올까 걱정이던 때에는 억지로 잠들기 위해 뒤척이는 밤보다 아직 찾아오지 않은 불안함을 몰아올 아침이 꺼려졌습니다. 팬데믹의 세상 안에서도 밖에서도 나는 격리를 하고 있었습니다. 나를 두르고 있는 사람들과 환경들에게 불편함을 드러내지 않을 수 있도록 해주는 마스크가 고마운 날들이었습니다. 사람을 피해 다니는 일이 억지스럽지 않게 보여서 좋았습니다. 말을 자주 하지 않아도 이상해하지 않는 분위기가 맘에 들었습니다. 그러다 어느 날 운명인 듯 눈을 자극하며 들어오는 인연을 만났습니다. 잘 사용하지 않던 통화 버튼이 바빠지기 시작했습니다. 재난 문자만 받던 메시지 함을 이용하기 시작했습니다. 다시 앓을지 상상도 못했던 열병이 들었습니다. 두근거림으로 잠을 설쳤고 설렘으로 아침을 깨우게 되었습니다. 표정이 없던 얼굴에 눈주름이 퍼지기 시작하면서 시작과 끝의 하루가 환해지고 있었습니다. 사람을 변신시키는 대상이 사람일 때 정신을 차릴 수 없게 빠져들게 됩니다. 사람의 치유는 사람이 하는 것이 가장 효과적입니다.

　사랑은 생을 판가름하는 일대 사건입니다. 곤욕스러운 삶의 시간과 열기로 타오르기 시작한 시간의 기준은 당신입니다. 고마워요 당신. 숨이 차서 뛸 수 없으면 반걸음의 보폭으로라도 걸으며 쉬지 않고 사랑할게요.

✦ 첫눈

이제 그만 애를 태우고 와 줬으면 해.
올 때를 넘기고도 오지 않으면
걱정보다는 서운함이 앞서게 되거든.
기다림은 길어지면 불쾌함으로 변질되기도 해.
쓸데없이 오해를 만들어 내기도 하고
쏠렸던 관심이 태만해지거든.

겨울이 한창이야. 올 때가 훨쩍 지났어.
숫눈, 도둑눈, 싸락눈, 발등눈,
가루눈, 날린 눈, 진눈깨비, 함박눈
오는 것이 보여야 첫눈이야.

✦ 영광 세탁소

철공소와 낡은 단독 주택이 세월을 섞어 들이고 있는
동구 삼성동 사거리 모퉁이에 동네 사람들만큼
늙어가고 있는 영광 세탁소가 있다.
노란 소국이 후줄근하게 지고 있는 전봇대 아래엔
색이 바랜 새우깡 봉지가 십이월의
겨울 차가운 바람에 퇴적되어 가고
붉은 벽돌 벽에 침전된 시간만큼 무거워진 눈을 부라리며
노부부가 수선을 맡은 바짓단에 바느질을 한다.
교차로의 신호등이 주기적으로 바뀌듯
실을 꿰고 있는 바늘이 옷감 사이를 누비는
느린 동작은 나른하다.
세탁물을 들고 입구에 서서 노련하게 윤이 나는 다림판에
눈인사를 나누며 할 수 있는 일상의 반복이
놀라운 행운이 된 시절을 영광 세탁소에 맡긴다.

오늘은 더 많은 그리움을 먹었습니다.

셋째 장,

그리움 종결자

✦ 모란 향에 눈물이 난다고 울었다

안과 밖의 경계에 모란 담장을 피워놓은
집주인의 마음이 진한 골목을 벗어나지 못한다.
봄밤의 훈기에 방심한 채 이불을 걷어낸 잠 탓에
코감기가 잡혀 들어와 맹맹한 머리가 밝아진다.
지나가는 누구나 거침없이 잡아들이는
마력의 향기에 걸음을 멈춘 채
얼굴을 들이밀고 나도 동참을 한다.
아주 조금 눈물이 났다.
꽃 향을 맡으면서 울다니 난감하다.
부나방 같이 쫓아다니던 그리움을 놓아준 뒤로
기분이 좋아지면 눈초리에 물기가 찬다.
회한에서 초탈해졌다는 반응이다.
모란꽃잎에 손을 뻗어 입가에 대 본다.
내 몸의 안과 밖이 찐하게 흔들린다.
모란 향에 눈물이 난다고 부끄럽지 않게 울었다.

✦ 그리움을 먹었습니다

배가 포만감으로 불룩해졌습니다.
허기가 먹지 못하는 것은 없나 봅니다.

놔둬도 부패하지 않는 음식일지라도
쌓아 놓기만 할 수 없듯이
습관처럼 그리움을 먹게 되었습니다.

소화가 안 되었으면 좋겠습니다.
뱃살이 늘어나듯 차곡차곡 몸집을 부풀려
그대를 내 속에 가둬 두고 싶습니다.

그리움은 섭취하면 할수록
보고픔을 키워냅니다.

티끌도 없이 빛을 발산하는 햇살이
서부해당화를 건드리고 있는
오늘은 더 많은 그리움을 먹었습니다.

✦ 이별을 멈추었습니다

열대야를 무사히 넘긴 새벽녘의
서늘한 바람이 뿌듯하게 표피에 닿습니다.
간혹 스팸 문자가 혼곤한 잠을 건드리기는 했지만
여러 개의 꿈들이 과거와 현재에 겹치는 혼란으로
뒤숭숭하게 잠을 방해하는 데에는 미치지 못했습니다.
반복된 만남들과 이별들이
기억의 공간에 풀려서 서로가 가장 강렬했던
생의 순간이었다고 다투었습니다.
한사코 나는 지금 곁에 있는 만남이
최고의 순간이라고 저항을 했지요.
이별에게 곁을 내주지 않을 것이라고
손아귀에 힘을 주었다지요.
흥건히 땀이 밴 손바닥을 펴 보며
기상을 알리는 모닝콜을 중지시키듯
이별을 멈추었습니다.

✦ 소문이 들리면

누군가의 안부를 듣다가도
어떤 이의 소식을 묻다가도

자귀나무꽃이 진 자리 옆에
배롱나무가 꽃을 피우는 동안에도

폭우를 물리친 폭염이
남태평양으로부터 태풍을 불러 댈 때에도

늦은 저녁 한 끼를 위해 라면 봉지를 열면서
소주병을 만지작거리는 것도

기억하고 있는 그리운 얼굴을 떠올리게 하는
소문이 간간이 들려올 때면

아직은 괜찮은 것 같아 말 잇지 못할 걱정이
무뎌지고 있기 때문입니다.

✦ 웃는 얼굴

단 하루도 웃지 않을 수 없는 날이
계속되기를 바랍니다.
어제는 잔망스러운 소나기가
한차례 해를 가렸지만 오는 듯 말아서
비답지 않은 비를 비웃었습니다.
웃는 얼굴을 할 수 있다면
웃음의 종류는 상관없습니다.
파안대소면 어떻고 썩소면 어떻습니까.
눈주름과 입술 주름이 얼굴 근육을
팽팽해지도록 점령하기는 마찬가지일 테니까요.
오늘은 에키네시아 꽃 같은 그대의 웃음을
떠올리며 화창하게 웃고 싶습니다.
그대의 웃음을 책임지는 웃는 얼굴을
내일과 모레도 가지고 있겠습니다.

✦ 두릅

씁쌀한 봄맛이다.
맑다 흐려지고 덥다 싸늘해지는
변덕의 맛이다.

뜨거웠다 서늘해지길 반복해도
빠져나올 수 없는 그대에게 포위되어
곁을 비우지 못하는 내가 갖춰야 할
미묘한 미각이 필요한 매혹의 맛이다.

✦ 감성적이면 어때서

　우산살에 부딪치는 물기보다는 비가 품고 있는 끈적한 습도에 먼저 젖는다. 장마가 예년에 비해 조금 늦게 시작될 거라는 예보를 들으면서도 자주 오는 비에 믿기지가 않는다. 이미 마른장마가 시작된 것만 같다. 매주 한두 번씩 비가 오기를 반복하고 있는 날씨다. 코로나 백신 접종기를 시간별로 중계를 하는 사람들의 무용담을 SNS로 보면서 독감 주사 같다는 반응에 안심을 하다가도 부작용이 심해 많이 고생한다거나 심지어 사망이라는 뉴스를 접할 때는 등골이 서늘해지기도 한다.

　차례를 기다리는 시간이 막연히 불안하다. 노쇼 백신을 접종받으려 알림을 신청해 놓고 신청 접속을 수시로 해보지만 눈 깜짝할 사이에 마감이 돼 포기한 지 꽤 됐다. 조바심치지 말고 순서를 기다려 원하는 시간과 장소에서 속 편히 접종을 받는 게 나을 것 같다. 그때가 되면 길가에 풀잎들이 빗물을 빨아들여 줄기를 키우고 몸집을 불리는 것처럼 백신이 코로로나로부터 나를 단단하게 해 주리라.

　비가 오기 시작하면 사소한 생각들이 들고일어난다. 이성으로 억제해 놨지만 사라지지 않는 감정들을 비가 불러낸다. 오래전 어느 날 서운했던 사람이 갑자기 미워진다. 밀접한 인연까지 이르지 못했지만 좋은 인상을 가졌던 사람의 안부가 궁금해진다. 그리움을 품었던 사람은 더 그리워지고 지금 보고 싶은 이에게는 서둘러 달려가고 싶어진다. 비는 코로나 바이러스 같이 감성이 발작하도록 감염시킨다. 비 오는 날은 조금 과하게 감성적이고 싶다. 가끔은 그러면 어떤가. 본능을 묶고 있는 이성의 고삐에서 풀려나는 것도 괜찮다.

✦ 타이레놀

"어때, 아프지 않아? 괜찮은 거야?"
통상적일 수밖에 없는 전화를 걸었습니다.
멀리 떨어져 있어서 눈으로 볼 수 없다는 한계를
습관이 되어 있는 익숙한 귓소리로 극복해야 했습니다.
"암시랑도 안 혀."
주사를 맞고 난 후 긴장이 풀려서
한층 톤이 올라간 들뜬 목소리가 들려왔습니다.
백신이 백약이 될 수밖에 달리 방법이 없는
코로나의 시대가 대면보다 목소리의 울림 톤을
더 신뢰하게 만들었습니다.
"좀이라도 이상하면 타이레놀 먹어."
진통제의 대명사가 된 알약의 이름이 무심결에 나옵니다.
아플 기미가 있으면 이래라저래라 주의를 환기시켜주면서
나를 안도시키는 것이었습니다.
타이레놀이 혈육마저도 돌봐주지 못한다는
뼈아픈 부채를 덜어내는 안심이 되었습니다.

✦ 변해야겠다

　때를 놓치지 않고 피는 꽃들은 변함없이 아름답다. 꽃의 아름다움은 역할을 다하기 위한 최선이다. 열매를 맺기 위하여, 씨를 맺어 종족을 유지하기 위하여. 향기로, 자태로 나비와 벌을 끌어들인다. 꽃의 피고 짐이 변하지 않음은 부러움이 아니다. 생존을 위한 노동이다. 나에게 최선은 변함이 되어야 한다. 그러니 변해야겠다. 얼굴 표정을 부드럽게 바꾸고 마음을 유연하게 해야겠다. 표정 없는 심각함에서 벗어날 필요가 있다. 조급함에 시달리며 마음을 불편하게 하지 말자. 달갑지 않은 사람을 피하고 만나면 즐거워지는 사람에게 정을 주자. 하고 싶은 것에 집중하고, 하기 거북하면 외면해도 된다. 전신의 세포들을 긴장시키며 치열하게 살아왔다고 앞으로도 그래야 하는 것이 아니다. 죽을힘을 다해 살아냈으니 느슨하게 살아봐야겠다. 나이 듦이 꼰대가 아니다. 나이만큼 마음이 여물지 못함이 꼰대다. 세상 돌아가는 이치에 순응하는 것, 나를 위해서만 억지 부리지 않는 것, 다른 존재는 다른 그 자체로 보아주는 것. 아름답게 변해야겠다.

✦ 다시 한담에 서다

떠난 시간을 보내주기 위해서는
함께했던 만큼의 시간이 든다.
동등한 시간을 소모해야 그만한 보상을
받게 된다는 것에 신뢰가 간다.
지나간 시간과 작별을 하면 다시 찾아와
한나절의 해풍에 그리움을 풍화시키겠다는
나와의 약속을 지킨다.
구멍 뚫린 현무암에 숨겨 놓았던 아쉬움을 찾아내
햇살에 증발시킨다.
그때의 나는 이제 지금의 나와 다르다.
물보라가 이는 해안에 서서
새롭게 맞이한 인연의 해국 같은 손짓에
환한 웃음으로 화답을 한다.

✦ 다시, 정동진

돌아서 가면 그만이라고 생각한 적이 있다.
끝내는 돌아오게 된다는 믿음이 가지 않는 진실을
외면하고 싶었기 때문이다.
모래를 쓸고 가는 바람이 거친 날에
다시, 정동진에 섰다.
바다는 그때 그대로 내게 품을 내준다.
가슴에서 해일이 일고 머릿속에서 지진이 일어날 때면
어지럼증을 토해버리기 위해서
열차를 타고 정동진에서 내렸었다.
와락 쏠리는 눈시울이 수평선에만 고정된다.
파도의 장단에 맞춰 심장이 뜨거워진다.
다시라는 말을 앞에 내세운 것이 얼마 만인가.
모래사장에 바람이 쓸고 간 결이 파도의 길처럼 생겨난다.
믿음에 들쑤심을 당하고 나서 사람을 놓아준 뒤로
기차표를 타지 않게 되었다.
나에게서 나를 밀어낸 채 자폐의 시간에
스스로 밀폐되어 살아온 시간을 오늘은 바람에게 토해낸다.
정동진이다. 다시.

✦ 특별한 손

가는 비에 날개가 젖은 조그만 새가
멀리 가지 못하고 날갯짓만 해대고 있습니다.
우산을 접어들고 급할 것 없이 집으로 가다가
발부리에서 퍼덕이고 있는 새와 눈이 마주쳤습니다.
간절히 가고 싶은 곳이 있어도 막상 가려 하면
갈 힘이 없어서, 가려 하는 방향을 잡지 못해서
제자리에서 종종거리기만 할 때가 있습니다.
새의 부리가 오돌토돌 금이 가 있습니다.
보도블록 틈새에 고인 물을 마시려다 상했을 겁니다.
기운을 잃은 새를 집게와 엄지손가락으로 집어 들어
숲으로 들어갈 수 있는 풀잎 사이에 올려줍니다.
특별함이란 그런 것인가 봅니다.
길을 잃었을 때나 지쳐서 한없이 나약해지고 있을 때
내미는 손이 가장 특별할 겁니다.

✦ 어떤 날이어도

날씨의 변죽이 신체의 리듬을 직격하는 5월입니다.
거센 비가 내리다가 어느 순간 땡볕이 지배를 합니다.
폭설 주의보가 내리기도 했고 폭우와 강풍 주의보가
느슨할 틈을 주지 않고 한껏 긴장을 주기도 했습니다.
반소매 옷과 긴팔 옷을 잘못 선택한 날에는
애꿎게 하늘에 손가락 불평을 하게 되지만
선택은 언제나 내 몫이었다는 것만 깨닫게 됩니다.
그러나 변신이 소란스러운 날이 반복돼도
떠올리기만 하면 배시시 웃음이 번지는
그리움이 있어 번거로움이 고되지는 않습니다.
어떤 날이어도 날씨의 변신보다 그리움의 깊이에 따라
나의 변화가 알록달록 더 다채롭기 때문입니다.

✦ 거짓말

한 번도 해보지 않은 이는 없다. 한 번도 속아본 적 없는 이도 없다. 악의의 개입 여부가 중요하다. 속여서 남에게 해를 끼치거나 나의 이로움을 위함이라면 악의는 충분하다. 악의는 거짓말을 하는 이가 아니라 거짓말을 듣거나 거짓말에 속은 이의 잣대가 적용된다. 거짓된 이는 항상 선의의 뒤에 숨어 있으려 하기 때문이다.

오늘도 나는 거짓말을 했어요.
아프면서 아프지 않다고.
괜찮을 리 없는데 괜찮다고.
그대의 근심 가득한 표정을 보는 것이
세상에서 제일 가슴 쓰린 아픔이라
거짓말을 하고 또 하는 거예요.
성가시거나 속상한 세상사는 내가 다 감수할게요.
그대는 헤픈 웃음만 내게 보여주기만 하면 돼요.
그대에게 하는 거짓말을 진짜로 받아들여요.

✦ 매발톱꽃

누군가 이름은 무서운데
꽃은 예쁘기만 하다고 했다.
아름다움을 맹렬하게 품고 있어서
무서운 꽃이라고 대답해줬다.
이름은 보이는 대로
지어지는 것이 아닐 것이다.
드러나지 않은 품성이
근원으로 불릴 것이다.
누군가 내 이름이 여성스럽다고 하면
날카로운 가시가 경이롭게 박혀 있으니
조심하라고 귀띔해준다.

✦ 그냥 웃어봤다

이팝나무가 싱그럽게 꽃을 피우고 있다. 5월이다. 환한 햇빛을 반사시키는 이팝나무 그늘에서 그냥 웃는다. 마른 몸이 보기 싫어서 살을 좀 찌워 봐야겠다고 평소 식습관보다 조금 더 먹고 있고 걱정거리들을 신경 써서 멀리하고 있다. 팔과 다리에는 좀처럼 살이 붙지 않는데 배만 불룩해졌다. 걱정을 하지 않으려는데 밀쳐놓은 잡생각은 여전히 마음의 무게를 늘린다. 부작용이다. 몸과 마음이 나태에 길들여지고 있는 것 같다. 그런데 의도를 빗나간 권태가 싫지 않다. 날카롭게 각을 세우며 살고 있지 않아서 좋다. 받아들임. 무던함. 쓴 물이 넘어오는 날을 살아가는 시간을 이젠 버텨내기 힘들다. 풀리지 않는 숙제 속에 갇혀 지내야 하는 시간이 아깝다. 다른 나였으면 좋겠다. 겉멋이 들고 싶다. 조금은 과하다는 생각이 들 정도로 윤기 나는 옷을 입고 반짝이는 액세서리로 나를 치장해 주어야겠다. 어설프게 일을 맺지 못해도 괜찮다고 등을 두드려 주자. 못하는 일은 못해서 안 하면 되고 거슬리면 무시하면서 살자. 실없이 그냥 좀 웃자. 진득하게 참음을 자랑스러워하던 내가 낯설어지면 좋겠다. 5월에는 이팝나무 꽃만큼만 흰 이를 드러내놓고 살자.

✦ 광대나물꽃

연둣빛으로 채색을 시작한
풀밭이 부산스럽습니다.
계절의 변신은 땅과 가장 가까이에서 시작합니다.
꽃을 밀어올리고 있는 광대나물 군락이
봄기운을 흡수하고 있는 풀밭에서
점령군처럼 번져나가고 있습니다.
산수유 꽃의 유혹에 이끌려 갔다가
나무 아래에 쪼그리고 앉아 꽃대 끝에
불그레하게 올라 있는 광대나물꽃에게
정신을 제압당하고 말았습니다.
그대의 서글서글한 웃음에 중독되어
맥을 추지 못하고 함락되었던
그때처럼 정신이 아득해집니다.
마음에 물이 오르고 심장이 뛰는 변화가
그대로부터 시작되었던 때와 다르지 않습니다.

✦ 예정된 그리움

당신에게 마음을 저당 잡히고 나서부터
정신이 부족해졌습니다.
다른 사람과의 일말을
깜빡 잊는 날이 많아졌습니다.
달력에 동그라미를 그려놓고서
중요한 계획을 놓치기도 합니다.
당신을 만나기로 한 시간에 모든 신경이
몰입되어 있으니까 그렇습니다.
당신에게 정신을 제압당한 이후부터
보고픔에 항거 불능이 되었습니다.
당신만 바라보고 있는 나에게는
이미 새삼스럽지 않은 영혼의 구금입니다.
익숙하도록 예정된 그리움이기 때문입니다.

✦ 벚꽃 밥상

꽃잎이 날리다 올라와 앉는 밥상을
벚나무 아래 평상에 차려 놓고
냉잇국에 훌렁하게 밥을 말아 먹던
기억이 가장 뜨거웠었습니다.
양은 대접에 따라놓은 묽은 막걸리에
수줍게 앉은 꽃잎을 집게손가락으로 저어
달게 마시던 모습을 마지막으로 기억합니다.
사월이 되어서야 피던 벚꽃은
성급하게 삼월이면 피었다 지기 시작합니다.
다 비우지도 못한 국그릇을 놓아둔 채
숟가락을 내려놓고 평상을 나서던 뒷모습처럼
계절은 빨리 왔다 빨리 갑니다.
당신이 떠나고 오래 지난 지금도
식지 않는 아련함으로 밥공기를 채우고 있는 아픔이
마음을 흐드러지게 피워냅니다.
꽃등이 켜질 때마다 눈두덩이 뜨거워지는
밥상에 앉아 있던 모습이 그립습니다,
아버지.

✦ 토란탕

밋밋함이 우대받지 못하는 것이 대세다.
격분하지 말고 수더분하게 살자.

용서가 없는 세상이다.
자기를 위해선 물어뜯어 난장판을 만들고
염산을 부어 물을 오염시키길
주저함 없이 저지른다.

저만 돋보이기 위해서라면 일부러 말을 놀려
없는 허물을 과포장해 퍼뜨린다.
못된 짓을 하고 살면서 죄의식을 미담으로 키워낸다.

미각을 자극하지 못하는 알토란이
들깻가루를 품은 토란탕을 숟가락으로 떠먹다가
슴슴한 먹거리가 혀끝을 사로잡는
건전함이 된다는 자가당착에 빠져든다.

"무심하게 살아갈게.
밋밋하게 세상을 볼게.
적당하게 초연해질게."

✤ 후시딘

삼겹살을 굽다가 식탁 모서리에 부딪쳐
손등 살이 벗겨졌다.
작은 생채기지만 충격의 아픔이 가실 때까지
숯불을 멀리한 채 후시딘을 바르고 기다리려고 했어.
이미 손등에 튄 기름기인지 약발인지
진물이 마르지 않더라고.
그렇다 해도 번들거림이 잦아들기를
기다려야지 달리 할 게 없더라고.
너도 그렇지, 나처럼.
피가 난 상처는 커서 아프든, 작아서 덜하든
아직 아물지 않았겠지.
딱지가 떨어지기 전같이 간지럽길 기다리겠지.
그래야 새살이 돋지.
살갗을 비집고 나오는 피에는
만병통치약이 된 후시딘을
심장에 문대고 싶어지는 날이다.

✦ 친구

고난을 나눠 먹었던 너의 죽음 앞에 섰을 때,
나는 너의 웃음만 떠올려지는 것이었다.
마지막을 울며 보내고 싶지 않아서.
점, 점, 점. 너를 보냈다고 느껴질 때에야
일그러졌다가 펴지던 얼굴 근육이
내 기억의 전부임을 알았다.
그제야 너를 알게 된 것이다.
나를 위해서만 웃어주었다는 민망한 사실을.
시체처럼 하루를 거들먹거리다 무료해서
밖에 잠시 나갔다 왔다.
비가 서서히 내리고 있더라.
이마를 가리개처럼 빗어내려 놓은 머리카락이
빗방울에 젖어 들어서야 봄비 같다고 혼잣말을 했다.
총부리에 쏘인 패잔병의 타박 걸음을 하다
우산이라도 나를 위해 씌워줄걸, 후회의 덫을 썼어.
너의 부재는 결국 나의 부재였다.
조금 더 총상을 입은 채로 살게.
너를 아직도 보내고 있는 중인가 보다.

✦ 봄 마중

손이 시리면 저절로 몸 전체가 움츠러들어요.

너를 맞이하기 위해 서둘고 있는 준비가 어설픈가 봐요.

풀렸다 얼기를 반복하는 날이 아직은

조금 더 지속되어야 하나 싶어요.

마음이 움직이기 전에 몸이 먼저 방어에 들어가니까요.

기다리는 시간이 길어질수록 그리움은 더 깊어지지요.

지척까지 와 있는가 싶다가도 손을 뻗어 만지려 하면

어느 사이 뿌연 잔상만 남기고 멀어지기를 되풀이하고 있네요.

통도사와 탐매 마을에서 들려오는 홍매화 소식이

설렁설렁 너를 마중 나가라고 마음에 바람을 불어넣고 있어요.

내일이나 모레쯤, 잔설이 녹기 시작하면

고단한 시간을 이끌며 오고 있을 너의 말을 들으러

닫아두었던 가슴의 문을 열고 나설게요.

✦ 소식

밤을 새우며 찾아온 눈 위에 발자국을 내며
어제를 보냈던 오늘을 만나러 갑니다.
눈이 왔다는 것 말고는 변함이 없어 다행입니다.
순천만에 상륙한 봄기운이 영춘화를 피워낸 후
북쪽을 향해서 출발을 서두르고 있다고
발길에 눌리는 눈가루 소리가 소식을 전합니다.
은사시나무 가지에 오르고 있는 물기가
얼었다 풀리기를 몇 번쯤 되풀이하면 새순이 피어나듯
살고 있는 오늘이 달가워질 것입니다.
곧 만나게 될 거예요.
매화꽃이 깨어나고 있다는 소식이 오면
늦지 않게 찾아갈게요.

✦ 2월의 봄

그날만 냉랭했다고 믿고 싶어요.
어쩔 수 없이 마음을 바꿨다고 알게요.
으슬으슬 움츠리며 여러 겹의 옷을
두껍게 입어야 했어요.
한 번 먹은 마음은 변하지 않게 지키겠다는
약속을 깨지 않을 거라고 잡았던 손을
놓을 수가 없어요.
멀어져 가며 추레해지는 등을 돌리고
가던 방향을 바꿔 다시 손을 내밀며
웃을 거라고 믿어요.
이랬다저랬다 단지 흔들렸을 거예요.
변심이 아니라 밀당을 위한
변덕일 뿐이라고 말해줘요.
내가 당신을 향하여 사무치게 서 있는 것처럼
언제나 나를 향해 오고 있을 거라고.

✦ 겨울비, 사흘째

눈이었다가 비였다가.
겨울은 북풍이 품은 습기를 종잡지 못하게 한다.
바람의 결이 낮아졌다.
옷감 속까지 냉기가 파고들어오지 않는다.
빗방울이 빗줄기로 바뀌면서
냉랭했던 겨울이 녹아내린다.
비가 길어질수록 겨울의 끝이 단축되리라.
사흘째 어쩌면 나흘째에도 겨울비가 이어질 듯하다.
솔잎이 푸르게 젖는다.
댓잎이 서로 부딪치는 소리가 소나기처럼 부산스럽다.
남겨뒀던 시름과 참아야 했던 시련들을
흐르는 빗물에 놔줘야겠다.
봄이 오기 전에 봄을 받아들여도
탈이 나지 않을 몸을 미리 만들어야겠다.

✦ 걱정이 살을 파먹는다

걱정은 하나가 생기면 다른 하나를 파생시킨다.
연쇄 폭발처럼 줄줄이 생겨나서 맹렬한 화력으로 터진다.
불안정해진 마음을 갉아대다 급기야 몸에 탈을 내고 만다.
다른 일에 집중을 하지 못하게 막아선다.
오로지 발생한 걱정거리에 매달리도록 몸이 반응하기 때문이다.

목이 경직되고 머리가 아프다.
승모근이 뻣뻣해지고 허리가 뻐근해진다.
허벅지와 장딴지 근육이 경련을 일으킨다.
마음에 침투한 걱정이 살을 파먹으며 몸집을 불린다.
걱정 없이 살고 싶다는 포부를 입에 달고 살지만
천잠사만큼 질긴 걱정의 옷을 벗지 못하고 살아야 한다.

그렇다면야, 도리가 없지.
걱정에게 살을 내어주고 덧살을 채워 무뎌질 수밖에.

✦ 입술 각질

입술이 트는 횟수가 점점 늘어납니다.
건조해진 외부 환경 때문이라고 돌려 말하기가 애매합니다.
사계절 내내 입술의 수분이 금방 말라서
립밤을 호주머니에 항상 지니고 다녀야 합니다.
몸의 다른 부위처럼 노화의 징조일 수도 있을 겁니다.
붉은 빛깔이 옅어지고 백화가 진행되기 시작한 지 오래입니다.
물기를 유지하기 위하여 혀를 돌려 침을 바르기도 합니다.
위아래 입술을 오물거려 서로 마찰열을 일으켜서
피부가 일어나는 속도를 늦추려 하지만
거칠게 일어서 있는 입술의 겉이 벗겨지고 나서야
개운해지는 것은 어쩔 수 없습니다.
세상을 살아내는 일도 그럴 겁니다.
상처가 자주 날수록 아무는 속도도 빨라져 덧살이 늘어나듯이
상흔마다 끝을 보아야 다음을 살아갈 수 있습니다.
트고 재생하는 사이가 짧아질수록 입술 세포의 분화가 빠를 겁니다.
이전의 입술도 치유된 입술도 나의 일부임에는 변함이 없습니다.
앞으로도 수없이 트고 아물 입술처럼
나를 아프게 하는 생채기들도 돋아났다 딱지가 질 것입니다.
약을 바르고 휴면을 취하기도 하며
그때마다 마음속에서 발원하는 치유력에 순응하렵니다.

✦ 가루눈

하얀 나비 떼같이 가루눈이
공중을 완전하게 점령하고 있습니다.
지면을 향해 곧바로 내려오다가
바닥에서 부는 바람의 무등을 타고
다시 공간을 이동합니다.
보고 싶어지는 그대가 있는 곳으로
눈처럼 공중 부양을 반복해 가면서
다가가고 싶어지는 날씨입니다.
사는 동안 끊임없이 그리움이 솟아날 때마다
한곳에 머물지 못하고
나는 그대의 자취를 따라 움직일 것입니다.
그대에게 가고 있어야
삶의 순간들이 물러지지 않기 때문입니다.

✦ 안개비

짙은 안개가 무거워져 가는 비로 뭉쳐 내리는
새벽은 심난하기도 합니다.
앞선 차들이 비상등을 켤 때마다 철컥 겁이 납니다.
예기치 못한 상황이 일어나
길이 지체되지 않을까 걱정이 됩니다.
좀처럼 걷히지 않는 안개처럼
열리지 않는 길에서 속도를 내지 못합니다.
젖은 노면에 미끄러질까 조심스러워집니다.
채널이 맞춰지지 않아 소음이 끓는 라디오에선
사고 소식과 정체 구간을 수시로 알려줍니다.
내가 가고 있는 길의 방향으론
불상사가 없었으면 하며 조마조마합니다.
한순간도 안전을 보장받지 못하는
삶을 살아가는 것과 같습니다.
나만 조심한다고 일어날 일이
일어나지 않는 건 아닙니다.
주의를 다하고 운이 좋기를 기대해야 합니다.
시야가 제한된 안개 속에 감금된 채 새벽어둠이
봉인에서 풀려나기를 속수무책으로 기다립니다.
장애물이 있다고 가지 않을 수 없기 때문입니다.

✦ 위로의 원칙

진중한 언어로 도배를 할 필요는 없습니다.
마음과 마음을 이을 수 있는 적당함이면 됩니다.
가벼운 말투가 오히려 받아먹기 편하기도 합니다.
적절히 우울하게 상대와 동화되기가 쉽지 않을 겁니다.
들떠 다니는 말은 비아냥으로 받아들여집니다.

"하얀 눈이 수북하게 세상으로 난 모든 길을 덮었다고.
눈에 발자국을 내며 너를 생각해 보았다고.
눈사람처럼 얼어 있을 너에게로 조금씩 가고 있다고.
네가 떠안고 있는 상심을 덮어주고 싶다고."
나에게 나를 위로해주고 있습니다.

✦ 생활의 비전

다른 이에게 위로가 되려 하지 않겠습니다.
누군가에게 용기를 불어넣으려 하지 않으렵니다.
어쭙잖게 개입하려다 핀잔을 듣기 십상입니다.
지금 이대로 나에게 충만하도록 하겠습니다.
쓸데없는 호기심을 갖지 않으려 합니다.
부담이 가는 동정도 배려도 하지 않아야겠습니다.
깊을수록 잔잔한 물같이 삶의 풍경을
거울처럼 그대로 반영해내겠습니다.
들여다보지 않고 바라보는 데 익숙해지고 싶습니다.

✦ 휴면기

지금은 버리지 않아도
될 것마저 버려야 할 때다.
뇌의 알고리즘을 어겨야
살아갈 힘이 생겨날 거다.
격하게 단속하고 있었던
믿음의 싹을 잘라내야 한다.
나만 믿어야 했다.
주변을 용인하고 의지하면
배반에 노출된다는
흔한 잘못을 반복하고 말았다.
휴대폰을 정리한다.
쓸모없이 저장한 이름들이 태반이다.
한 번도 눌러보지 않은 번호와
단 한순간도 떠올리지 않은 이름과
잦은 불편을 울려대던 인연을
차단하고 삭제한다.
인연을 난도질한다.
가벼워져야겠다.
사람에게 실망하게 되면 잠시
눈 속에 파묻히듯 휴면이 필요하다.

✦ 나무에게

바람에 흔들려야 할지라도 꺾이지는 말자.
삭정이는 부러질지라도 물이 올라 있는
가지는 끝까지 지켜내자.
단단한 뿌리로 견고하게 줄기를 지탱하자.
아무리 혹독해도 겨울은 지나간다.
해독하기 난해한 음해를 감당해야
이파리를 틔울 봄을 당당하게 맞이할 수 있다.
잔바람은 몸으로 막고 된바람은 흘려내면서
지금은 다만 견뎌내야 할 때다.
시련을 맞아야 할수록 단호해지자.

✤ 동백愛

기분에 취한 날 밤엔 무리를 하게 됩니다.
소주잔을 채우는 것보다 비우는 속도가
급히 앞질러 가곤 합니다.
불쾌하거나 아쉬움이 남아 머리를 두드리는
성가심을 잃어버리고 싶어서 그렇습니다.
남겨둬야 기둥을 파먹는 좀벌레처럼
마음을 상하게 할 뿐인 까닭입니다.
부대끼는 속을 어르며 잔설을 녹이고 있는
애기동백 앞에 섰습니다.
붉은 꽃잎의 환함이 지난밤 술잔을 내려놓을 때까지도
놓지 못했던 상심을 빼앗아 갑니다.
일찍 져 떨어진 꽃잎을 밟지 않도록 피해 걸으며
내가 떨궈 놓은 아픔들도 함부로
밟히지 않기를 기원해봅니다.
갯바람을 안고 피어나는 속도가
봉오리마다 달라서 동백은 피거나 지거나
취기가 덜 풀린 마음을 개운하게 해줍니다.

✦ 그리움 종결자

　그리움은 정성을 들여 만들어 가는 것이다. 저절로 찾아올 애틋함이란 없다. 사람에게 취하기 어려움은 술에 취하는 것에 비할 바가 못 된다. 주량에 따라 기분이 올라오면 좋은 알코올기와는 다르다. 요모조모 살필 게 너무 많다. 나에게 맞아야 하고 내가 그에게 어울려야 한다. 그러고도 시간을 공유하고 생각을 나누어 주어야 한다. 무엇보다 가슴을 내줄 수가 있을 때 그리움이 생겨난다. 깊고 난해한 대가를 치르지 않고는 누리지 못할 비싼 감정이다. 그러니 지금 갖고 있는 그리움이 있다면 귀한 사람의 향기를 품고 있는 것이다. 아픔이 내장되어 있는 기억이라고 잊으려 할 필요 없다. 잊히는 그리움이란 없다. 잠시 기억의 뒤편으로 보내는 것일 뿐 사라지지 않는다. 지금의 아림이 추억으로 어느 날 자리를 옮겨갈 것이다. 가슴에서 뽑아내 궁굴릴 그리움 하나 없다면 초라한 삶이다. 그리움은 사람답게 살고 싶다면 일부러라도 만들며 살아야 하는 감성이다.

　나는 여전히 모든 시간을 털어서 가슴 안으로 아련함을 받아내며 그에게로 가고 있는 그리움 종결자다.

✦ 자장면

새벽 출장을 갔다가 사무실로 돌아오는 길에
입맛이 돌지 않아서 건너뛰었던 아침과 점심을
한 번에 해결하려 들른 허름한 중화 반점.
서둘러 자장면 한 그릇을 주문하고
수저통을 열다가 앉은 자리가 낯익다.
건너편에 앉아서 숟가락에 침을 바르며
볶음밥을 자장에 슥슥 비벼먹던 친구가 없을 뿐,
칠이 벗겨진 상과 금이 간 등받이 의자는 그대로다.
가족이든 친구든 깊은 정을
주고받았던 사람의 부재는 항상 낯설다.
덩그러니 놓인 자장면이 주검처럼 시꺼멓다.
허기진 뱃속보다 눈이 아려서
젓가락을 들지 못하고 만다.

✦ 추억의 상징

추억은 돌아갈 수 없다는 시간의 말입니다.
돌이켜지진 않지만 돌아볼 수 있게는 해주겠다는
자기 자신에게 베푸는 관용입니다.
잘했건 그렇지 못했건 자신의 자취를 되짚어 본다는 것은
지금의 나를 내일이라는 시간으로
올곧게 몰아갈 힘을 비축하게 해줍니다.
후회가 없는 시간만 살아갈 수 없습니다.
반성을 하지 않는 것이 문제지 자신의 과오를 반추하고
새것이 되겠다는 상징을 만들어 가는 것은
나에게 선사하는 축원과도 같습니다.
좋아할 만한 기억이든, 떠올리기가 거북한 기억이든
추억이 많은 사람은 그만큼 행복을 만들어 갈 밑천이
마음의 곳간에 건강하게 들어찬 부자입니다.

✦ 익숙해지지 않는 이별

떠나보낸다는 사실을 인정하면서도 받아들여지지 않는다.
기억 속에 여전히 생생하게 남아 있다.
그의 미소와 목소리의 파장이 잦아들지 않는다.
주고받았던 문자들이 그대로 남아 있다.
함께 찍었던 사진 안에서 영원히
변하지 않을 듯이 시크하게 웃고 있다.
햇살 좋은 시월, 어느 날 장난처럼 전해진 부고를 받아들자
노랗게 물든 나뭇잎들이 지전처럼 흩날렸다.
이별을 힘들어할 때 이별과 이별할 수 있도록
곁을 지켜주었던 사람과 이별을 해야 하는 순간이 와 버렸다.
아무리 자주 해야 한다고 하더라도 이별은 익숙해지지 않는다.
손끝을 들어 하늘을 찔러본다.
주르륵 푸른 물이 쏟아져 내릴 것만 같다.
헤어짐의 상실을 견뎌야 하는 것은 남겨진 사람의 몫이다.
살아내야 하는 시간 동안 단련되지 않는 또 하나의 이별을 보탠다.

마음이 끌리는 이에게만

너그러워져야겠다.

넷째 장,

삶이 불만인 그대에게

✦ 변이

변이는 종의 진화다.
환경의 변화에 생명을 유지하기 위한 화답이다.
변이가 반복되면 변종으로 우화하기도 한다.
살아남기 위해 스스로를 바꿔나가는 모든 생명체는
열등과 우월로 단순하게 구분하면 안 된다.
바뀌는 환경에 순응과 저항의 전투는 숭고하다.
알파를 능가한 델타가 주류가 되어 가다
더 강력한 람다 변이가 기세를 부리기 시작한다.
변화를 거부하는 이, 적응하는 이,
넘어서려는 이로 갈려서 정신이 산만해진
인간 변이는 더디기만 하다.

✦ 카페인의 힘

하루에 세 잔 정도를 마시며 시간과 대화를 하며 지내온 것이 십여 년이 넘었다. 커피를 홀짝이며 조용하게 쓴맛에 길들여지는 시간이 나에게는 나에게 주는 선물이었다. 커피를 마시며 될지 안 될지 알 수 없는 일에 조급해지고 있었다면 조급함을 눌러앉혔다. 곁에서 멀어진 사람이 떠올라 그리움이 심장에서 돋아나면 그때로 돌아가 회한에 잠겼다. 커피는 사색이었고 정이었다.

얼마 전부터 커피를 줄이고 있다. 한 번에 마시는 양도 줄이고 횟수도 줄인다. 카페인이 나를 지나치게 각성시키고 있어서다. 오후에 커피를 마시면 밤에 숙면을 할 수가 없어졌다. 어떤 날엔 아예 단 한숨도 자지 못하고 뒤척이다 날을 세우기도 한다. 눈을 감고 있어도 또렷해지는 머릿속에서 일어나는 상념들에 밤이 마비가 되어 버린다. 자책이 되는 일, 결과가 좋지 않았던 일, 정을 떼어내야 했던 사람, 그래도 보고 싶은 사람. 카페인의 힘이 밤을 난장으로 만든다.

하지만 여전히 커피를 끊겠다는 헛된 말은 하지 못하겠다. 아침에 일어나자마자 물을 끓이고 봉지 커피를 따서 잔에 담는 일이 즐겁다. 물을 붓자마자 확 퍼져 나오는 향기에 몸이 살아난다. 혀끝에서 시작한 쌉싸름함이 달콤하게 목을 넘어가는 맛이 살맛이다. 세상 돌아가는 일에 관심을 끊으라면 끊겠지만 커피는 끊지 못하겠다. 해가 지는 쪽을 바라보며 하루를 마무리하며 마시는 오후의 커피를 삼가야 하는 안타까움이 짙어진다.

✦ 콤플렉스의 쓸모

 콤플렉스에 시달림을 받지 않고 사는 사람은 거의 없을 것이다. 극히 소수가 있기는 할 것이다. 키가 작아서, 너무 커서, 이도 저도 아니어서. 눈이 처져서, 치켜세워져서, 동그래서. 코가 뭉툭해서, 낮아서, 너무 높아서. 외모에 대한 콤플렉스는 신체의 어느 부위건 가리지 않고 있을 수밖에 없다. 성형을 한다고 완전히 콤플렉스가 해소되지도 않는 듯하다. 가끔 했던 부위를 하고 또 하다 성형 중독까지 됐다는 사람을 보면.

 물론 외모는 중요한 경쟁력의 요소다. 보기 좋고 예쁘고 잘생기면 그렇지 않음보다 자신감을 더 가질 수 있다. 그것도 결국은 마음가짐의 개인차가 있는 영역이겠지만 시간과 노력과 돈을 들이면 어느 정도 만족할 수준에 이르게 된다. 밖으로 보여줄 수 있는 외모는 일정한 범위에서 바꿀 수 있는 콤플렉스다. 그러나 운동으로, 다이어트로, 의학의 힘으로도 고칠 수 없는 콤플렉스가 더 문제다. 오로지 자신만이 정확하게 알고 개선하려는 단단한 의지가 있어야 한다. 노력한다고 좋아진다는 보장도 없다. 정신의 궤도 이탈이 그렇다. 비틀린 마음이라고도 할 수 있다.

 자신만의 울타리에 갇혀 지내는 배타적 성격. 자신에게만 너그러운 이기적인 마음. 자기만이 옳은 독선적 세계관. 정신의 콤플렉스는 일종의 병이 되기도 한다. 자칫 자기 스스로를 해치기도 하지만 더 큰 문제는 타인에게 위해를 가한다는 것이다. 포악해지고 패악해지면 공동체를 피폐하게까지 만든다. 내가 최고이니 나를 따르라는 사람을 조심해야 한다. 나는 잘못한 적이 없고 항상 옳은 길을 가고 있으니 나를 믿으라는 사람은 오래도록 지켜보아야 한다. 말에 현혹되고 번드르르한 외모에 반하는 순간 나를 파탄 낸다.

콤플렉스는 극복하려는 마음에서 비롯되어 올곧은 방향으로 자신을 변화시키는 데 쓸모가 있다. 콤플렉스는 어떤 점에서의 부족을 자각하는 것이다. 과도하게 받아들이는 사람에게는 단점이라고 정의되기도 한다. 하지만 흠 아닌 흠으로 받아들여 보완을 한다면 장점으로 변하게 할 수 있다. 그런 면에서 콤플렉스가 인류 문명을 발전시켰다는 말은 과장이 아니다. 부족하다는 생각이 결핍을 보완하기 위해 방법을 찾고 제도를 만들기도 하고 철학과 문학을 탄생시켰다고 할 수 있다.

나는 얼굴 주름이 깊다. 마음이 여리다. 정에 약하고 감정 변화가 빠르다. 나이가 들어가니 뱃살이 처지고 눈이 처진다. 세월에 적응하려는 머리에 서리가 내리는 것도, 눈물이 많아지는 것도 콤플렉스다. 그리하여 주변의 모든 것에 관심을 주고 사랑하려고 애를 쓴다. 사람들의 말에 귀를 열려고 시간을 할애한다. 자만에 들지 않기 위해 마음공부를 한다. 나의 콤플렉스의 쓸모는 정심, 바른 마음을 향해 있다.

✦ 복달임

　열 돔 현상으로 찜통더위를 초과해 압력솥 더위에 한껏 몸을 사려야 하는 복더위다. 조금만 몸을 움직여도 땀이 몸을 적신다. 한낮에는 햇살 아래 얼굴을 내밀기도 두렵다. 인간이 자초한 환경 파괴로 인해 지구 온난화는 예측 가능하지 못하도록 이상 기후를 만들어낸다. 한 시간에 200mm를 넘는 폭우가 내리는 곳은 물난리로 도시 전체가 잠기고 섭씨 40도를 웃도는 지구 반대편에서는 날것들이 익어버리고 있다. 이 와중에도 코로나19는 변이를 계속하며 사람과 사람을 멀리 떨어지게 한다. 그늘에 앉아 있어도 숨쉬기가 편하지 않는 무더위에 마스크를 벗지 못하는 시간이 언제 끝나게 될지 아직은 단정 지을 수도 없다.

　반대와 우려를 무시하고 개최한다는 도쿄 올림픽에서는 확진자가 속출하고 방역의 허점들이 곳곳에서 드러나고 있다. 재활용 박스로 만든 침대 프레임의 해프닝이 실없는 웃음거리를 만든다. 방사능 오염이 된 후쿠시마 식재료를 아무렇지도 않다며 식단에 끼워 넣는다. 보기에도 섬뜩한 조형물들이 올림픽을 홍보한다. 세계인을 상대로 안하무인이다. 일본이 경제적으로는 잘사는 나라일지라도 배타적인 데다가 반성할 줄 모르는 몰염치한 의식의 후진국일 뿐이라는 것을 모든 면에서 여실히 공표하고 있는 올림픽이다. 남의 나라 욕한다고 시원한 것만은 아니다. 국내에서는 유력 정치인들이 매일매일 쏟아내는 망언들이 지겹다. 전 국민

이냐 하위 80%냐 재난 지원금의 범위를 놓고 소모적인 갑론을박이 시끄럽다. 원정 유흥으로 수도권 이외 지역이 코로나에 뚫렸다. 파병 군인들이, 태권도장에서, 국립공원관리사무소 직원들이. 어디에서 언제 누가 코로나에 감염이 될지 모르는 불안한 시간을 견뎌내고 있다.

　오늘은 삼복 중 중복이다. 내일이 대서다. 곧 입추가 올 것이고 말복이 찾아온다. 더위에 지치고 코로나에 치이고 나라 안과 밖이 지겨워진 몸과 마음을 조금이라도 달래 주어야 그나마 살아갈 힘을 낼 때다. 닭 한 마리 통째로 담가 끓인 누룽지 백숙 한 양푼 시켜놓고 복달임을 한다. 이 또한 지나가리라.

✦ 거리 두기의 기술

　먼저 이로움을 바라지 않아야 한다. 앞뒤를 재면서 유불리를 따지다 보면 적당한 거리를 둘 수가 없어진다. 가족을 제외하고 지척의 거리를 내어주면서 집착할 사람은 없는 편이 낫다. 관계가 상처로 돌아오기 십상이다. 복잡해지면 부담만 가중된다. 심적인 부담, 경제적 부담, 시간 배분의 부담. 그러므로 사람과 사람의 거리는 간결한 관계가 좋다. 주고받아도 빚이 되지 않는 거리가 적절한 거리다. 친구에게는 호감의 거리를, 동료에게는 믿음의 거리를 허락하면 된다. 애정의 거리가 개입되면 불상사가 난다. 애정은 조건을 개입시키지 말아야 하므로 이로움을 바라다가는 일방적인 구애의 함정에 빠지게 된다.

　혼자일 수 있는 불편을 감수해야 한다. 외로움의 거리가 필요하다. 자기 성찰의 거리가 외로움의 거리다. 무료를 견디는 거리, 즐거움을 추구하지 않고 차분함에 빠질 수 있는 거리가 불편함을 준다. 그렇지만 과잉의 관계에 젖어들지 않도록 객관적 자아를 지켜준다. 혼자라서 불편한 것이 아니다. 불완전한 시간이라고 자책하는 것이 불편하게 한다. 편리한 거리가 자아의 자유를 통제한다. 사생활을 공생활로 만들면 '더불어'라는 편리를 줄지는 모르지만 사적 공간이 침해받게 된다. 다자간의 거리는 나를 지키는 통제 범위에 있어야 한다.

민감해지려는 눈치를 버려야 한다. 거리를 유지하는 것이 상대에게 미안하다는 자책을 가질 필요 없다. 나의 거리만큼 상대의 거리를 지켜주면 된다. 거리는 상호의 거리여야 한다. 나를 지키는 거리가 상대를 지켜주는 거리임을 믿어야 한다. 배려의 거리가 눈치의 거리는 아니다. 남의 눈치를 보지 말고 나의 눈치를 봐야 잘 된 거리를 둘 수 있다. 거리의 좁고 넓음이 상처가 된다. 귀찮음의 상처, 서운함의 상처는 결국 내가 감당해야 한다. 좋은 관계의 유지는 거리 두기의 기술이 시작이다.

✦ 내 돈, 내 산

요즘의 언어는 날마다 변신을 한다. 은어니 줄임말이니 하면서 언어의 변화를 민감하게 비난했던 시절을 회상하면 시대를 따라 살지 못하는 꼰대가 된다. 변화는 자연스럽게 받아들여야 한다. 변화에 거부감을 들이대거나 힐난을 하는 것은 낙후된 자신을 스스로 동정하는 것과 같다. 게임 속의 캐릭터 같은 분장을 하고 거리를 활보하는 코스프레를 보면서 곧 세상이 게임 속 상황들의 플레이 장소가 되겠다는 생각을 당연하게 한다. 길을 가다가 십 대들의 대화를 엿들어도 알아들을 수가 없다. 신조어들 투성이라 현대어 공부를 새로 해야 할 듯하다.

언어도 생명체와 같다. 시대가 변화한다는 것은 언어도 변신을 한다는 것이다. 언어도 죽고 산다. 오래돼 쓰지 않게 되면 고어가 되어 생명을 마친다. 반대로 새로운 뜻을 품고 쓰이면 살아나기도 한다. 그래서 언어는 시대를 상징한다. 시대상을 알기 위해서는 패션의 유행도 중요하지만 근본적으로는 그 시대에 쓰였던 언어의 형태를 아는 것이 더 빠르다. 언어는 사람과 사람, 사회와 사회를 움직이게 하는 근원이기 때문이다.

말이 빠져나간 후 앞을 감당하려고 뒤죽박죽 얽힌 사람들을 자주 본다. 말에는 책임이 반드시 따른다. 말을 쉽게 하는 사람은 말로 인해 쉽게 망한다. 말을 잘하는 것과 말을 쉽게 하는 것은 엄청난 차이가 있다.

잘하는 말은 앞과 뒤가 논리적으로 연결되어야 하고 단어와 단어가 유기적으로 결합되어야 한다. 듣는 사람이 쉽게 이해해야 하고 공감을 해야 한다. 무엇보다도 말하고 있는 화자, 자신이 의도한 의미를 옳게 전달하고 있다는 것을 알아야 한다. 그런 면에서 말을 잘한다는 것은 많이 어려운 일이다. 모호한 단어를 사용하고 의미의 연결이 어긋나면서도 술술 말을 한다고 말을 잘한다고는 할 수 없다. 쉽게 말을 가지고 노는 것에 불과하다. 나중에 돌아올 말의 태형에 삶이 만신창이가 될 것이다.

최근에 쓰는 언어 중에 내 돈, 내 산이란 말이 내포하고 있는 뜻을 헤아려 본다. 빚 지지 말고 살라는 말이다. 떳떳하게 사는 당당함이다. 눈치 보지 말고 마음 편하게 사는 것에 대한 삶의 철학이 담겨 있다. 내 돈을 내고 내가 샀으니 간섭하지 말라는 독자적 삶의 선언이다. 50대 중반이 된 나이를 살면서 독보적으로 살지도 못했다. 독립적으로 나를 지탱하지도 못했다. 항상 누군가의 눈치를 보며 살아왔던 것 같다. 부양하고 있는 가족의 안락한 생활을 위해, 몸을 의지하고 있는 조직의 안전을 위하여, 동료와 친우들의 평화를 침해하지 않기 위하여……. 이런 변명이 핑계가 될지 모르지만 내 돈, 내 산의 품격 있는 삶의 철학을 이행하지 못했다. 이제 내 돈, 내 산의 독립적이고 의연한 삶을 누벼야 할 나이다.

✦ 브런치의 아침 - 글쓰기를 놀이처럼

브런치에 글을 쓰기 시작하면서 새로운 버릇이 생겼다. 브런치 작가라는 명패를 쓰기 전과 글쓰기에 임하는 자세가 달라진 것이다. 이전에는 떠오르는 소재가 생기면 그때그때 짬을 내 글을 썼다. 이제는 오늘은 어떤 글을 어떻게 쓸까! 하는 생각을 줄곧 하면서 글쓰기의 즐거움에 전율을 한다.

글을 쓴다는 것은 의식을 타고 돌고 있는 낱말들을 한곳으로 모아 문장을 만들고 단락을 꾸리는 일이다. 글자들을 묶어서 생각을 담고 감정을 얹는다. 심심풀이로 글을 쓸 수는 없다. 글쓰기에는 심리적인 에너지와 사고의 알고리즘을 논리적으로 투입해야 하는 고역스러운 즐거움이 필요하다. 낱낱의 단어를 나열하기만 한다고 읽을 만한 글이 되지는 않는다. 꽃이 아름답게 모습을 갖추기 위해서는 꽃잎을 키우고 본연의 색깔을 익혀내야 하듯이 글을 쓰는 것도 생각에 어울리는 낱말을 고르고 의미를 품을 수 있도록 질서 위에 배열을 해야 한다.

나의 글을 누군가 읽고 공감을 해준다면 그것으로 일차적인 글쓰기의 의미는 달성이 될 것이다. 공감을 넘어 위로를 받거나 삶을 대하는 태도가 된다면 더없이 행복한 글쓰기가 될 것이다. 한순간 읽히고 사라지는 글보다는 천천히 오래도록 읽히고 다시 되살아나는 글을 쓰고 싶다. 오랜 시간을 글을 써왔지만 아직은 이렇다 하게 알려진 글을 내놓지는 못했다. 브런치에 글을 쓰기 전까지는 능력이 모자라서가 아니라 내 글의 참됨을 알아주지 않는다고 불평을 했던 것이 사실이다. 그러나 이제는 생각을 글의 마지막까지 끌어갈 수 있는 힘, 동감을 불러낼 수 있는 논리 등에 대한 내 모자람을 채워야 어디에 내놓아도 알아볼 수 있는 글이 될 것이다, 라고 나에게 질책을 한다. 글쓰기를 놀이처럼 하자고 나에게 동기를 불어넣는다.

오늘도 브런치에서 아침을 맞는다.
브런치 공간이 글을 쓰는 나의 태도가 되었다.

✦ 적당한 거리

'적당하다'라는 말처럼 애매한 말이 없다.
적당히 해. 맛이 적당하다. 거리가 적당하다.
말하는 사람마다의 기준점이 모호하다.
주관적인 정도의 적당함이란 계량화되어 있지도 않고
이만큼이라고 규정되지도 않는다.
대충의 거리가 적당함이 되기도 한다.
걷기에 적당한 거리는 몸의 상태에 따라,
걷고자 하는 의지에 따라 다르다.
사람과의 적당한 거리는 나의 거리와
상대방의 거리가 일치하지 않는다.
거리가 맞지 않는 사람들이 어울리다 보니
다툼이 생겨나기도 하고
마음이 닿으면 의기투합이 일어나기도 한다.
사람 사이의 '적당히'란 텔레파시가 통하는
불가사의의 거리일지도 모르겠다.
코로나19의 거리는 양팔 간격이다.
적당히가 아니라 정거리 2미터로 수치화되어 있다.
상대방을 배려하는 거리,
나에게 해로움이 닿지 않는 거리가
적당한 거리라고 단정 짓고 싶다.

✛ 나이답게!

나답게 사는 것이 가장 행복한 삶이다. 삶의 궁극은 행복에 있다. 그러나 나이답게 사는 것의 중요함을 간과해서는 안 된다. 자칫 '나답게'에 치중하다가 '나이답게'를 무시하면 삶이 천박해진다. 백세 인생 시대라고 한다. 그렇게 될 것이란 것에 이의를 달고 싶지는 않다. 수명이 늘어난다고 무조건 좋은 것은 아니다. 잘 갖춰야 한다. '늙어 감'을 받쳐줄 경제력과 건강 그리고 마음의 자세. 이 세 가지가 조화를 이뤄 준비되어야 한다. 어느 하나라도 결핍이 되면 늘어난 수명은 재앙이 된다. 경제력과 건강은 젊었을 때부터 미리미리 대비를 해놓아야 한다. 노력 여하에 따라 적정선의 준비를 할 수 있을 것이다. 그러나 마음의 자세는 인격의 영역이다. 부자라서 인격이 좋다고는 말하지 않는다. 몸이 건강하다고 품성이 좋다고는 하지 않는다. 마음은 '나답게'보다는 나이답게 철이 들어야 한다. 주변을 살피지 않고 '나답게'를 고집하면 곁에 아무도 남아 있으려 하지 않게 된다. 나이가 들수록 고집스럽고 자기중심적이 된다고 한다. 나이에 반비례하여 정신이 어린애처럼 변해가는 것을 자주 본다. 나이는 연륜이고 살아온 날의 품격이다. 하지만 스스로 나이다움을 유지하기 위해서는 치열한 노력이 뒷받침되어야 한다. 나답게도 좋지만 그래도 나이답게 살자.

✦ 과장해서 괜찮을 필요는 없어

"다 잘 될 거야!"라는 말은 사실 별로 큰 문제가 아니니 신경 *끄*라는 뒷말이 숨어 있다. 문제에 지나치게 집착한다고 풀리지 않는 매듭이 풀리는 것은 아니다. 매달린다고 일의 전후가 다 드러난다면 문제도 아니다. 문제를 만드는 것은 항상 '나'다. 같잖은 일도 크게 생각할 때가 있어서 문제가 된다. 큰일이 났는데도 알아차리지 못하거나 등한시해서 진짜 큰 문제로 키우기도 한다. 걱정이 문제다. 태만이 문제다.

모든 일이 다 잘될 리가 없다. 풀릴 만큼의 주의와 집중력이 동원되어야 한다. 아무리 노력해도 안 될 일은 안 된다는 것을 인정하자. 내 능력의 범위를 초과한 일에 열정을 소모하지 말자. 좌절은 내가 할 수 있다고 자신했던 일을 게을리해서, 주의력이 분산되어서 실패했을 때나 하는 것이다. 최선을 다했음에도 성공하지 못했다면 잘못은 아니다. 처음부터 다시 시작하면 된다. 계획을 하고 설계한 대로 진행한 일의 시말이 내가 만들어 낸 결과임을 인정하자. 못했다는 말은 잘못되었음을 뜻하지 않는다. '안 했다'는 말이 더 무능력한 말이다. '시도하고 노력했지만 하지 못했다'와 이도 저도 아니게 무책임한 '안 했다'와는 출발 자체가 다르다. 그렇다고 해결하지 못한 일에 대하여 과장해서 자신을 합당화시키려 하지는 말자. 책임 회피자이거나 무능력자로 보인다. 받아들임은 결과는 물론 나에게 내재하고 있는 한계까지도 인정하는 것이다.

해야 할 일을 하지 못했다면 괜찮을 리 없다. 아무 자책도 불편함도 없는 것이 오히려 하자가 많은 사람이다. 다 잘할 수는 없다. 다 잘된다면 일에 대한 긴장감도 없을 것이다. 사는 재미에도 쫀득함이 없을 것이다. 괜찮지 않은데 과장해서 괜찮을 필요는 없다. 적당한 자책은 자세를 바로 세우게 해 준다. 적당한 스트레스는 느슨해지지 않도록 마음을 고쳐준다. 다 잘되지도 않지만 다 안 되지도 않는다. 하고 있는 모든 일이 의도한 만큼 성과를 내지 못했지만 괜찮다. 의도에 어긋났지만 괜찮다. 그러나 자만이거나 나약해질 괜찮음이 되어서는 안 된다.

✦ 최선이 다 최고가 되지는 않아

　최선을 다했다고 스스로를 위로하는 경우가 많다. 결과가 만족스럽지 않을 때 더 그런다. 최선을 다했다고 결과물이 최고가 되지는 않는다. 최선을 다해 자신이 가진 모든 것을 쏟아냈다고 성공에 이르는 것은 아니다. 잘 될 수도 있고 만족하지 못한 결과를 가져올 때도 있다. 할 것을 다했으니 일의 결과는 하늘에 맡겨야 한다. 맘먹은 대로 되지 않았다고 좌절하거나 자책에 빠지면 최선의 가치도 사라진다. 최선은 나를 위로하는 것뿐 아니라 내가 세상을 잘 대하고 있다는 정당성을 확보하는 방법이다.

　삶에게 부끄럽지 않고 싶었다. 하루에게 창피하지 않았으면 했다. 나름의 힘을 다해서 최선으로 살아왔다고 어깨를 톡톡 건드려 준다. 원하는 만큼 잘된 일은 별로 없다. 마음이 가는 대로 시간과 동행을 해왔으나 맘대로 된 일은 거의 없다. 풀어야 할 숙제들은 여전히 생활에 무게를 보태고 있다. 삶을 돌봐야 하는 의무에서 벗어나 나를 돌봐줄 여유를 부리고 싶다는 타령을 하지만 선뜻 덤벼들어도 될 만큼 여유가 있지 않다. 시간도, 금전적 여유도. 최선이 다 최고가 되지는 않는다.

　그래도 내가 일상을 지켜가는 방법은 끝까지 최선을 다해 살아가는 것이다.

✢ 글쎄, 그게 최선일까

"나는 할 만큼 다 했어."
"책임질 일이 있으면 책임을 질게요."
일의 선후를 떠나 결과에 대한 추궁을 받게 되면 대답이 거침없다.
나한테 왜 그렇게 부당하게 묻느냐는 듯 의아한 표정을 하고 당당하다.
사회적 지위가 높을수록, 부의 영향력이 큰 사람일수록 더하다.
거짓이 드러나도 그때는 그럴 수밖에 달리 대안이 없었다고,
수습을 하기 위하여 최선을 다했다고 반성하지 않는다.

"내가 그렇게 한 적은 없다."
"그렇게 될 일이었고 내가 책임질 일이 아니다."
증거를 들이밀고 회개를 요구하면 뻔뻔한 속내를 적나라하게 드러낸다.
반성하지 않는 이, 잘못을 사과하지 않는 이는 사람이 아니다.
염치도 양심도 없다면 자기만의 우리에 갇혀 사는 맹수일 뿐이다.
늙고 병들었어도 맹수는 사납다.
우리 밖으로 풀어놓으면 선량한 다수를 할퀸다.
우리가 '우리'를 두고두고 감시해야 한다.

✦ 나의 최선이 모두의 최선이 아니다

밤은 길고 지루하게 지나갔다. 결과를 기다리는 사람들은 정해진 시간이 올 때까지 온갖 생각들에 잡혀 하늘과 땅 끝을 오가게 된다. 직장 동료의 가족이 확진자와 접촉이 되어 검사를 받았다. 양성이면 상황 대응이 복잡해진다. 밀접 접촉자는 음성이 나와도 자가 격리에 들어가야 한다. 기타 접촉자들도 선별 진료소를 찾아가 검사를 받아야 하고 결과에 따라 격리 여부를 결정해야 한다. 일상이 무너지는 것이다. 사무실이 통째로 폐쇄될 위기다. 사무실 직원 모두 초긴장이 되어 결과를 기다리는 밤이 길고 길었다.

지금은 세계 3차 대전을 치르고 있는 전쟁터다. 이념을 위해서가 아니다. 제국을 확장시키기 위한 영토 전쟁도 아니다. 눈에 보이지 않는 바이러스와의 전쟁이다. 3차 대전이 도래하면 정보와 AI 전쟁이 될 줄 알았다. 하지만 고도의 문명도 실체를 숨기고 사람과 사람을 감염시켜가는 바이러스에 속수무책으로 마비되고 말았다. 코로나19는 인류의 생존에 위협을 가하는 절대의 적이 되었다. 끊임없이 자기 변이를 하며 생명 과학이 만들어내고 있는 백신에 대항을 한다. 사람과 사람을 격리하고 지역과 지역을 봉쇄하는 접촉의 희생에 틈을 뚫는다. 천연두를 극복하고 페스트와의 싸움에서 벗어났지만 또 다른 바이러스가 창궐한다. 메르스와 신종 플루가 와서 수많은 사람들을 앓게 하고 시들해졌다. 자연이 만들어내는 생물학전이 가장 무서운 전쟁이다. 인플루엔자처럼 코로나19도 인류와 공생을 하며 살아야 한다고 한다. 칼과 창의 전쟁에서 총과 포탄의 전쟁이 되고 이제 주삿바늘을 무기로 생명을 지키기 위한 전쟁을 하고 있다. 지구 세계는 지금 치열하고 무자비한 바이러스와의 전쟁 중이다.

  다행이다. 음성이 나왔다는 전화를 받자마자 긴장이 풀려 온몸이 바닥으로 쏠린다. 나와 접촉을 했던 사람들에게 부랴부랴 전화를 해준다. 전화기 너머 환호성이 들린다. 한 지역의 전투에서 승리를 한 것처럼 고지를 점령한 기분이다. 최선을 다해 일상을 조심히 지내고 있다. 가지 말라는 곳엔 가지 않고 벗지 말아야 할 곳에서는 마스크를 꼭 쓰고 있다. 그러나 감염은 여상스러워졌고 언제 어느 곳에서 감염자와 접촉을 할지 예상을 할 수가 없다. 내가 최선을 다해 주의를 한다고 할지라도 안전한 것이 아니다. 어느 순간에 바이러스의 폭격이 가해질지 알 수가 없다. 우리는 모두 나의 최선이 모두의 최선이 될 수 없는 전쟁을 치르고 있다.

✦ 욕구 다이어트

　과잉이 병의 근원이 된 시대를 살아가고 있다. 필요 이상을 섭취한 몸은 비대해지고 움직임이 게으름을 피운다. 그러면서도 계속 맛집을 찾아다니고 먹방에 매료되어 있다. 식욕만 그런 것이 아니다. 과도한 소유욕이 더 비싼 집을 원한다. 명품 줄 서기를 한다. 예뻐 보이고 싶어서, 멋져 보이고 싶어서 과하게 치장을 하고 성형을 한다. 욕구가 없는 삶은 있을 수 없다. 삶 자체가 욕구다. 욕구는 의욕이 되기도 하고 의지로 굳어지기도 한다. 생의 근원이 욕구로부터 시작된다고 해야 할 것이다. 하고 싶다는 것, 하고자 한다는 것이 모여서 조직을 만들고 다양한 조직들이 어울려서 사회를 이룬다. 욕구는 모두에게 다르기도 하고 비슷하기도 하다. 모든 욕구는 생명력 있게 어우러지고 표현될 가치가 있다.

　다만 과잉이 문제다. 타인을 배려하지 않고 오직 자기만의 욕구 충족을 위해 수단과 방법을 가리지 않게 되면 범죄가 된다. 양심이 없어진다. 규범을 어기게 된다. 지나친 식욕이 만들어낸 비만이 사회적 문제가 된 지 오래다. 더 좋은 곳에 살고자 하는 욕망이 낳은 수도권의 아파트 값은 비수도권의 사람들이 진입할 엄두도 낼 수 없을 정도가 되었다. 강남과 강북은 이미 현실판 계급이 되었다. 상대적 박탈감의 욕구에 감정이 무너진 사람들은 이익이 보장되지 않은 주식과 비트코인으로 몰린다. 이 역시 과한 욕구의 잉여에서 비롯된 것이 분명하다.

나는 지방 도시의 오래된 아파트에 산다. 불만스럽지 않다. 가끔 근처에 개울이 흐르는 산을 배경으로 작은 집을 짓고 텃밭을 가꾸며 살 수 있는 곳을 염탐하기는 한다. 창에서 가장 잘 보이는 곳에 소나무 한 그루를 심어 호젓함을 동무하고 싶다. 매화도 한 그루, 꽃사과도 한 그루 심어 꽃 요기를 하고 싶다. 텃밭의 푸성귀에 물을 주고 밥때가 되면 한 움큼씩 뜯어내 겉절이나 쌈을 해 먹고 싶다. 그 정도 욕구는 나에게 현재를 의미 있게 살아가도록 해준다. 사고 싶은 것이 있어도 당장 필요하지 않으면 참는다. 먹고 싶어도 너무 비싸거나 많으면 먹는 것을 포기하거나 조금만 먹는다. 욕구가 꿈으로 자리를 옮겨 있기 때문이다.

꿈에서 벗어나 있어도 어두워지면 돌아가 편한 옷차림으로 마음 놓고 쉴 수 있는 집이 있다는 것만으로 즐거운 삶이다. 정성을 최대한 품은 밥상을 차려놓고 기다려 주는 사람과 마주 앉아 먹는 음식은 다른 어떤 밥상보다 맛있다. 하고 싶은 것을 줄이며 살려고 한다. 하고자 하는 것을 솎아내며 살고자 한다. 지금을 만족하지 않으면 마음에 병이 도지기 시작한다. 욕구 과잉은 결국 마음병이다. 잉여를 탐내지 않는 다이어트가 삶의 질을 개선해 줄 것이다. 자신의 가치를 불만으로부터 환원시켜 건강 수명을 연장해줄 것이다.

✦ 코로나 블루

　퇴근길에 울린 재난문자 소리를 무심히 스쳐보고 닫다가 낯익은 편의점 이름과 위치가 눈에 들어왔다. 설마, 아니겠지. 웬걸, 사무실 맞은편 편의점이다. 날짜와 시간을 보니 내가 잠시 들렸던 것과 겹친다. "오늘 20시까지 보건소 선별 진료소에서 코로나 검사받으세요." 나에게도 이런 일이 일어나긴 하는구나. 나 혼자 조심한다고 코로나가 나를 비껴가지 않는구나. 한 끼의 밥을 해결하기 위해서 들어서는 음식점에서도 밥이 나오기까지 마스크를 벗지 않았다. 커피를 마시고 싶으면 무조건 테이크아웃을 했다. 목욕탕도 발길을 끊었다. 몸이 찌뿌둥하면 찾아가던 안마 시술소는 엄두도 내지 못한다. 선별 진료소를 향해 차를 움직여 가면서 별별 걱정거리들에 마취가 되었다. 확진이 된다면, 음성이라도 밀접 접촉자로 분리되어 자가 격리자가 된다면. 똥 밟게 되는 것이다. 일회용 면도기가 필요해 잠깐 들러서 두 개에 단 돈 천 원을 현금으로 지불하고 나온 것이 전부의 전말일 뿐이다. 계산을 해주던 편의점주가 확진자였단다. 당연히 서로 마스크를 하고 있었다. 마스크, 마스크. 위로의 단어를 중얼거리며 도착한 선별 진료소. 줄이 죽 서 있다. 편의점 방문자가 많기도 했다. 큐알 코드로 문진표를 작성하고 검사 키트를 받아 들었다. 검사원의 안내에 따라 마스크를 내리고 입과 코에 시료봉의 진입을 허락했다. 심란한 마음과는 너무나 다르게 검사는 단순하고 짧게 끝이 났다. 집으로 돌아가서 두려운 기다림을 시작해야 한다. 자다가 벌떡 일어나고 다시 눈을 감기를 반복하며 밤을 새웠다. 퇴근하던 순간까지 없던 열이 나는 것만 같았다. 식은땀이 이마에 흥건하다. 목도 까끌거린다. 사지의 근육이 저린다. 코로나 증상들이 한꺼번에 몸을 지배하는 밤은 잠을 편히 잘 수가 없었다. 양성이 아니기만을, 하지만 혹여 양성이라면 기꺼이 2주의 격리를 받아들이겠다는 최악에 대한 양보를 하면서 새벽을 맞았다. 아침 9시 문자가 왔다. 질끈 눈을 감고 메시지를 터치했다. 〈음성〉 글자가 너무나 감격스럽다. 맥이 탁 풀린다. 보건소에 확인 결과 밀접 접촉자가 아니어서 격리를 안 해도 된단다. 하룻밤에 지옥과 천당을 왕래했다. 누구나 예외일 수 없으나 누구든 조바심 속에서 지내야 하는 낯선 일상이 지속되고 있다. 일상의 회복만이 코로나 블루를 격멸할 것이다. 치료제와 백신보다 일상 회복을 위한 단단한 마음들이 뭉치게 하는 것이 코로나를 퇴치하는 기본 처방이다.

✦ 개운한 관계 정리법

후회는 해도 미련은 남기지 말자. 후회는 불쑥 찾아왔다 가는 단발성 감정이다. 그러나 미련은 두고두고 마음을 간질인다. 세 번을 전화해도 받지 않고 답이 없는 사람은 첫 번째로 정리해야 한다. 나를 무시하는 사람이다. 무시받고 참는 것은 소갈머리 없는 사람이 되는 것이다. 내가 아쉬운 처지에 있다면 더더욱 무시해도 된다고 생각하는 사람이다. 재수 없는 사람이다. 내 생애에서 제일 먼저 빼버려야 한다. 아무 연락이 없다가 자신에게 필요할 때만 연락을 해오는 사람이 두 번째로 끝내야 할 관계다. 내가 필요할 때에는 답이 없을 확률이 많다. 나를 이용 가치가 있는 사람 정도로만 생각하고 저울질을 멈추지 않는 사람일 가능성이 매우 높다. 나에게는 별로 이용할 만한 가치 있는 것도 가지고 있지 않는 사람일 것이다. 세 달 이상 한 번도 연락을 하지 않아도 안부가 궁금하지 않은 사람이 그 다음 차례다. 나에게도 그에게도 서로 관심이 없다는 것이다. 무소식이 희소식이란 말은 서로에게 무관심한 관계라는 말로 대신할 수 있다. 나를 궁금해하지 않거나 내가 궁금하지 않은 사람이 앞으로 궁금해질 확률은 극히 낮다. 휴대폰의 무게를 줄이자. 궁금하지 않은 이름을 삭제하자. 수백 개의 전화번호를 가지고 있다고 관계의 부자는 아니다. 적은 전화번호라도 자주 통화버튼을 누르고 나의 벨소리를 즐겁게 울려주는 목소리가 반갑다면 행복한 시간을 살고 있는 것이다. 일 년에 한두 번 만날까 말까 하는 사람을 위해서 마음을 할애하며 살지 말자. 얼굴을 보면 웃지만 헤어지고 나서면 기억에 남지 않는 사람은 나와 지속해야 할 관계를 맺고 있는 것이 아니다. 악수를 했다고 모두가 친구가 되는 것은 아닌 것과 같다. 견고한 관계란 마음을 주고받아야 하고 단단하게 서로를 배려해야 유지된다.

✦ 알레르기

  피부에 꽃이 피었다. 오돌토돌한 반점들이 살갗을 밀어 올린다. 팔뚝에서 시작하더니 온몸으로 영역을 확장시킨다. 봄맞이를 몸이 먼저 한다. 기온 변화에 적응하지 못하고 웅크리고 있던 피부가 붉은 꽃밭이 되었다. 면역력이 떨어졌다고 한다. 뒤죽박죽이 되지 않기 위해 일상의 삶을 지켜내려 하는 긴장감이 악성 스트레스로 변질이 되었다고 한다. 무난했으면 좋겠다. 무뎌졌으면 좋겠다. 살갈퀴꽃처럼 피었는지 졌는지 모르게 알레르기가 시들해지길 바란다. 약봉지를 뜯어 알약을 입 안에 털어 넣으며 쓸모없이 떠오르는 잡것들을 삼킨다. 맺고 있어야 열꽃만 번창시키는 관계를 정리한다.

✦ 봄과 손을 잡다

곁을 내어 주고 싶어지는 이에게만 신경을 쓰자.
성가신 이에게까지 정신을 나눠주며 살 필요는 없다.
하물며 악의를 품고 있는 잡것들이야 언급할 가치도 없다.

냉기와 온기가 급격히 교차하는 데 적응하지 못하면
급성 알레르기가 생기는 체질이라는 피부과 진단을 받았다.
면역력이 떨어진데다 잦은 스트레스가 몸을 달달 볶은 결과다.
벌게진 머리에서 발가락 끝까지 약을 바른 채
바르게 누워서 천정과 면담을 하며 가려움과 대치 중이다.

사람이 사람에게 저지르는 음모에 노출되면
몸과 마음이 망가진다.
배신감에 몸서리를 치게 되고
실망감이 제일 아픈 스트레스로 온다.

봄같이 훈훈한 관심을 품고 저절로 다가와서
따뜻하게 손을 내미는 이에게만 나도 손을 줄 생각이다.
많은 사람도 필요 없다.
단 한 명이라도 진솔하면 옆에 서게 할 최대의 인원인 것이다.

나무 끝에 돋기 시작한 이파리처럼
마음이 끌리는 이에게만 너그러워져야겠다.

✦ 웰빙일

금요일은 휴일을 편히 쉴 수 있게
준비할 중대한 날입니다.
스트레스를 주지 않았으면 합니다.
좋지 않은 소식을 전하지 말아주세요.
하던 일을 마무리하고
홀연히 일주일의 긴장을 풀어내는
웰빙일이어야 합니다.
그럼에도 불구하고 해로운 일을 자행하거나
타인을 괴롭히는 잡종이 있다면
마른하늘에 날벼락을 맞아도 쌉니다.
금요일은 마음의 짐을 내려놓고
나에게로 관심을 옮겨가는 웰빙일입니다.

✦ 이방인으로 살기

새로운 근무지로 온 지 십여 일 만에 집에 가는 날이다. 어디에서 일을 하든 적응은 하겠지만 이리저리 옮겨 다니는 생활에 치이는 것은 어쩌지 못하겠다. 집에 가고 싶다, 집에 가는 것이 설렌다는 생각이 어색하다. 나는 항상 타지에서 이방인으로 살아왔다. 집을 멀리 두고 떠돌며 주말에나 혹은 여의치 않으면 한 달에 한두 번 집을 소풍가는 것처럼 들르며 살았다. 가정에 문제가 있어서는 아니다. 직장 근무지가 광주에, 서울에 때론 전혀 예기치 않은 곳으로 발령을 받기 때문이다. 떠도는 삶이 이제는 싫다. 이방인처럼 연고가 없는 곳을 전전하다 청춘이 다 갔다. 가정을 건사하기 위해 일을 하는 것이지만 마음을 둘 곳을 잃어버렸다. 몇 달 전에 생의 마지막까지 살아갈 집을 마련했다. 얼마 남지 않은 직장 생활은 집 가까이에서 근무를 하며 지금처럼 일주일에 한 번이 아닌 자주 집에 갈 것이라는 소망을 품었었다. 그러나 세상일이란 내가 준비한 대로 되는 것이 아니라는 것을 새삼 실감했다. 오히려 집과는 터무니없이 먼 곳으로 자리 배치를 받고 말았다. 편도 5시간을 운전해야 갈 수 있는 집이 간절히 그리워져버렸다. 아직은 일을 놓을 수 없다. 준비되지 않은 은퇴 후의 삶을 막연히 받아들일 수가 없어서다. 경제적 문제를 대비할 시간이 필요하다. 그리고 심리적 안정감을 만들어낼 시간이 조금 더 필요하다. 이방인으로 살기를 더 해야 함을 수용할 수밖에 없다. 집을 나설 때 이파리를 쓰다듬으며 충분히 물을 주었지만 몬스테라와 그라비올라 화분이 무사히 있을지 걱정이다. 이사를 다니면서도 항상 나와 함께 시간을 늙어가고 있는 반려 식물이다. 옥녀봉에서 내려오는 햇살이 빗자루처럼 들이치는 창가에서 느릿느릿 스프레이로 물을 뿌려주며 잎을 반짝이게 닦아주고 싶다. 그렇게 평온한 일상을 사는 동안 공유할 수 있으면 좋겠다. 오늘은 그 집으로 간다.

✦ 반격

생활 속으로 침투한 바이러스 때문에
세상에서 가장 두려워해야 하는 생명체는 사람이 되었습니다.
그럼에도 사람 사이에서 살아가야 하는 것이 또한 사람입니다.
이해관계가 충돌하고 정치적 견해가 다르고
생각하는 바가 같지 않습니다.
다툼이 일상다반사로 일어나는 곳이 사람이 있는 사회입니다.
그렇지만 다름으로 부딪치는 논쟁은
낭만 정도에 지나지 않을 뿐이었습니다.
코로나19로 사람을 접촉하는 일이 무서워진 시절입니다.
바이러스나 되는 것처럼 안면이 없는 사람은 멀리 피해 다니고 있습니다.
그러나 이 생명체는 어디에도 있고 어느 곳에서나
마주해야 살아갈 수가 있습니다.
어느 정도는 혼자서 먹고 마시고 말을 섞지 않고 지낼 수 있지만
영원히 사람과의 대면이 없이 살아갈 수는 없습니다.
피한다고 피할 수 있게 되지 않아서 사람이란 생명체는 더 무섭습니다.
그렇게 살아내야 하기 때문에 창궐한 바이러스에
대항하는 반격은 계속되고 있습니다.

주먹 인사를 하고 눈인사를 하는 것.

서로의 무서움에 의지해 살아가고 있는 것.

소심한 반격들이 모여서 지켜온 일상을 회복해 낼 것입니다.

✦ 언어의 기운

　뇌는 자주 사용하는 언어를 한곳으로 모아둔다고 한다. 컴퓨터에서 즐겨찾기 기능과 같다고 보면 될 것이다. 뇌의 즐겨찾기 영역에 어떤 언어들이 많이 모이느냐에 따라서 사람의 성향이 판이해진다. 긍정적 언어들이 많이 모일수록 유쾌하고 행복한 사람이다. 입을 떼면 즐거운 말들이 저절로 나온다면 그 사람이 뿜어내는 기운의 품격이 얼마나 기품이 있겠는가. 의식적으로 긍정의 에너지를 품은 언어들을 머리에 저장하려고 노력하기로 했다. '살아낸다'가 아니라 '살고 있다'로. 맛있다. 보고 싶다. 설렌다. 하고 싶다. 풍부하다. 사랑한다. 생각하기만 해도 기운이 나는 말들을 생각 속에서 밀어내 목소리로 주위 사람들에게 들려주며 살기로 했다. 나뿐만 아니라 나를 알고 있는 사람들의 뇌 속에도 긍정의 씨앗을 심어주고 싶다. 힘들다고 엄살 부려야 소용없다. 듣는 사람들은 콧등으로 흘려버리고 인상을 쓸 뿐이다. 엄살이 다른 부정한 언어들을 불러들여 힘들어지고 아프기만 해진다. 이쯤이야 괜찮지. 견딜 만해. 생명 끊어지지 않는 일이라면 이 또한 지나가리라. 주문처럼 달고 살아야겠다. 한 번뿐인 삶을 최대한 즐겁게 우려내며 살아야 하지 않겠는가.

✦ 불만인 그대에게

아직 때가 되지 않아서 그렇습니다.

하고 있는 일이 술술 풀리지 않아서.
출중한 능력을 인정해주는 사람들이 적어서.
원하는 만큼 벌이의 규모가 커지지 않을 것 같아서.
읽어보면 잘 썼다는 평가를 받는 글도 여전히 유명세가 없어서.

언제가 될지는 알지 못하지만 그때는 오고 있습니다.

보이지 않아서 답답하긴 할 겁니다.
오고 있는지, 얼마나 걸릴 것인지 알 수가 없어서 불안할 겁니다.
어떤 보상을 해 줄지, 만족할 수 있을지 알고 싶을 겁니다.
기다리면 온다는 말이 실감이 나지 않을 겁니다.

바라기만 하지 마세요.

애를 써야 합니다.

원하는 대로 이루기 위해서는 독하게 자신을 다그쳐야 합니다.

아직 간절함이 부족한 겁니다.

그때는 내가 만들어 가는 겁니다.

아직 때가 오도록 길을 탄탄히 내지 않아서 그렇습니다.

✦ 불치병

　만족하지 못하는 병을 가지고 살았습니다. 될 듯해서 붙들고 있어도 안 된다는 불만. 재채기를 하면서도 시원하지 않다는 불만. 실컷 자고 나서도 일어나고 싶지 않다는 불만. 거의 매일 반복하는 불만들을 떠올려 보니 습관성 질환입니다. 몸에 이상이 있거나 정신에 문제가 있어야만 질병이 되는 것은 아닙니다. 불평을 무한 반복하는 것이 일상에서 가장 고쳐지지 않는 고질병입니다. 코로나에 묶인 시간을 살면서 평범한 일상을 반복할 수 있는 삶이 얼마나 소중한지를 모두가 알게 되었습니다. 개운하지 않아도 꺼리지 않고 재채기를 할 수 있는 공간을 살아갈 수 있다는 것. 만나는 사람마다 손을 잡을 수 있다는 것. 서로의 얼굴을 가까이에서 보며 다정하게 말을 주고받을 수 있다는 것. 너무나 평범해서 당연한 것들로부터 격리되어 있는 시간이 갑갑합니다. 사람과의 접촉이 가장 무서운 언택트의 시간이 속절없이 길어지고 있습니다. 평범함을 잃어버리는 것이 고칠 수 없는 불치병이었습니다.

✦ 역습

어려움에 처하게 되면 호들갑을 떨고 나서야 조금은 잦아든다.
가만히 있으면 얼마나 성가신지, 아픈지 아무도 알아주지 않기 때문이다.
좋은 일이면 더 좋아지려고, 나쁜 일이면 기분을 전환하고 싶어서
나를 알아달라고 떠벌리는 것이 참고 있는 것보다 낫다.
코로나19의 위협에도 대면이 멈춰지지 않는다.
몸의 거리는 멀리 그러나 마음은 가까이, 라고 수긍은 하지만
살아가는 것이 고달프다고 떠벌리는 개운함을 포기할 수가 없어서다.
십이월의 겨울이 왔다.
찬바람을 타고 전이되면서 바이러스들은 더 득시글거릴 것이다.
공장들이 멈추어 선 기간이 길어서, 사람들의 활동성이 줄어서
오염이 감소된 지구의 겨울이 추워질 것이다.
바이러스가 지구를 정화시키는 어처구니없는 역습을 당하고 있다.

✦ 호사다마

　좋은 일 뒤를 조심해야 한다는 말은 맞았다. 새 삶을 설계하고 환경을 바꾸기까지 생각이 많았지만 결정 후에 실행은 일사천리로 진행이 되었다. 새로 장만한 집으로 이사를 하고 남은 반생을 함께할 사람과 결혼식을 준비하면서 모든 시간이 들떠 있었다. 햇살 좋은 일요일 오후 행복한 결혼식이 광주호반에서 열렸다. 형식은 스몰 웨딩이었지만 내용은 성대했다. 시작부터 끝날 때까지 하객들의 환성과 박수소리가 끊이지 않았다. 수면에 무수히 반짝이는 물비늘들이 강물에 웨딩드레스를 둘러놓은 것 같은 배경을 남겨두고 결혼식이 끝났다. 행복한 시작의 절정이었다. 그러나 갑작스러운 사고 소식이 다음 날 전해지고 슬픔이 아우성을 쳤다. 결혼식 내내 웃음을 멈추지 않고 즐거워하시던 장인이 즐거운 기분을 그대로 간직한 채 세상과 급한 작별을 하고 말았다. 흩어졌던 가족들이 다시 모이고 장례식장은 통곡의 바다가 되었다. 사람의 일은 한 치 앞을 예측할 수가 없다. 앞으로 어떻게 살겠다는 다짐은 현재의 부족을 감추기 위한 자신에 대한 위로에 불과하다. 망연히 향을 피우고 상을 치르는 내내 현실감을 잃어버렸다. 살아 있는 지금을 살아야 한다. 오늘 즐겁다고 내일도 즐거울 거라 믿을 수 없다. 사랑하는 사람의 손을 잡고 있는 지금 전부를 걸고 살아야 호사다마에 지지 않는다.

✦ 익숙해지지 말자

 가까운 사람을 다른 세상으로 보내주면서 세상의 이치를 다시 깨우칩니다. 여태 세상 돌아가는 품새를 알아가고 있다는 나이라고 생각하며 살았습니다. 그러나 삶의 순간이 어떻게 변해 갈 거라는 예측은 불가능의 영역임을 새삼 다시 알게 되었습니다. 특히나 생과 사는 이쪽과 저쪽을 구분하는 얇은 습자지 같은 벽의 차이일 뿐이었습니다. 세상이 움직이는 방향에 익숙해졌다고 생각이 든다면 더 조심해야 할 때입니다. 방심에 익숙해진 것일 겁니다. 지나가버렸거나 지나가고 있는 시간에 익숙해지지 않겠습니다. 숨 쉬고 있는 현재를 치열하게 누리는 것이 가장 행복하게 살아가는 모습입니다. 지금을 잘 지키겠습니다. 오지 않은 앞날을 위해 지금을 희생시키지 말아야 합니다. 귀한 오늘을 떠받들지 않고서는 값진 내일은 없습니다.

✚ 이사의 의미

　내일이 지나면 20여 년 동안 터를 잡고 살아왔던 곳을 떠난다. 기억엔 별로 남아 있지 않지만 좋은 일도 있었을 것이다. 아이들을 성장시켰고 집의 평수를 넓혀 갔고 직장에서는 승진을 했던 곳. 30대 후반부터 50대 중반까지 젊음과 나이 듦의 시간을 보냈던 곳. 그러나 삶의 고달픔과 아픔과 상실이 더 깊어졌던 곳. 그렇다 해도 막상 영영 떠나야 할 시간이 다가오니 시원섭섭하다. 고된 삶을 살았던 시간만큼 정도 깊이 들었으리라. 근무하던 사무실 주변과 살았던 집 주위엔 내가 떠나더라도 그동안의 굴곡을 오르내렸던 삶의 세포들이 나뒹굴고 있으리라.

　집 인수를 위한 계약서를 쓰고 이삿짐센터의 견적을 받았다. 에어컨 철거 신청을 하고 나서 인터넷 이전 신청을 한다. 하나하나 메모를 해가며 이사를 위한 절차를 진행한다. 잔금을 받고 차에 오르면 다시 오지 않도록 빠짐없이 완벽한 이사를 하고 싶어서다. 완전히 새로운 환경으로 이사를 간다. 지금까지의 삶의 방식을 버리고 새로운 나로 변신을 할 것이다. 늦게 만났지만 늦은 만큼 절실한 사랑으로 다가온 사람과 혼자가 아닌 둘의 삶을 살기 위해 생의 마지막 이사를 간다. 그곳에서의 삶은 무조건 행복하고 싶다. 이제 남은 시간 전부를 살아야 하는 새로운 터전이다.

오래 쓰던 그릇과 수저와 컵들을 버린다. 낡은 냄비도 버리고 입지 않던 옷도 버린다. 구석구석 뒤져 끌어낼수록 잊고 살았던 과거들이 다닥다닥 붙어 나온다. 액자를 떼어 낸다. 책장을 정리한다. 서랍장을 들춰내다 빛바랜 편지 뭉치를 꺼내 만지작거리다 읽어보지는 못하겠다. 그대로 쓰레기 봉지에 담는다. 이사를 한다는 것은 삶의 한 시대를 털어내고 돌아보는 일이 될 수밖에 없다. 버릴 수 있는 것은 버려야 한다. 버리고 싶지 않더라도 지나간 시간과 단절을 해야 한다면 과감하게 버려야 한다. 이사를 하는 동안만 가능한 일일지도 모르기 때문이다. 그래서 이사를 한다는 것은 짐을 꾸리는 것보다 마음을 꾸리는 것이 더 어려운 일이다.

✦ 무심법

주어야 할 때에는 주고 싶지 않더라도 퍼부어 주는 것이 좋다. 마치 처음부터 내 것이 아닌 것을 보관하고 있었던 것처럼 다 내주어야 아깝지 않다. 주고 싶어도 가진 것이 없어 주지 못하는 것보다는 훨씬 마음이 가볍다. 주고 나면 잊어버리자. 그래야 준 만큼 돌아오지 않는 서운함에 꺾이지 않는다. 상처는 준 만큼 받고 싶은 마음으로부터 시작된다. 안 줘야 하는데 어쩔 수 없이 줘야 했다면 처음부터 상처는 시작되었을 것이다. 그러나 어쩔 수 없다는 불가항력에 상실의 허전함을 포기할 수 있다. 주고 싶어서 주고 돌아오기를 바라기 때문에 문제가 발생한다. 돌아오지 않으면 손해를 보고 있다고 생각하기 때문이다. 사람의 사고 체계란 모두가 다르다. 내 생각만큼 나에게 최적화되어 있는 사고는 없다. 받는 것만 당연하게 생각하고 돌려주는 것을 모르는 사람도 있고 받은 만큼, 받은 만큼보다 적게, 받은 만큼보다 많게 상대방을 배려해주는 사람도 있다. 나도 상대방에겐 그렇게 보여진다. 조건 없는 베풂을 실천하며 살아갈 생각은 없다. 다만, 준 것을 빼앗겼다는 피해 의식에 빠지지 않도록 조절 가능한 삶을 살고자 한다. 오늘 가지고 있는 마음이 반드시 내일도 내 마음일 것이란 보장은 없다. 보내서 빈 공간이 생기면 채우려 하지 말고 비워두자. 시간이 지나면 공백감 대신 생채기에 무심함이 들어찰 것이다.

당신의 언어를 내가 듣겠습니다.

다섯째 장,

나다운 나에게

✦ **endemic**

강원도 원주시 단구동 9월의 중심이 되는 날 정오,
하늘은 대략 푸른빛을 띠고 기온은 섭씨 27도,
살갗에 달라붙는 바람은 선들선들하다.
태풍 찬투의 영향을 받을 것이라는 예보는
주 후반으로 변경되었지만
내일은 내일이라 속단하지 못하겠다.
오늘을 오늘로 받아들이고 누비는 것마저 가볍지 않다.
삶이 무거워지는 이유는 내일을 잘 살겠다는
확정적인 계획으로부터 유인된다.
지금이 다행이지 않다면 내일이 행복할 리 없다.
행복해지겠다며 내일을 걱정하는 단호한 팬데믹에
빠지고 싶지 않을 뿐이다.
이곳, 여기, 내 자리가 반복됨을 받아들임이 엔데믹이다.

✦ With

혼란과 파괴의 나락에 빠진 아프가니스탄 조력자를 구출하기 위해 펼쳐진 작전명 'Miracle'은 단어의 의미대로 기적 같은 약속의 실천이었다. 함께 살고 있는 이들은 모두가 동지다. 반드시 같은 뜻을 공유해야만 동지가 되는 것이 아니다. 삶의 시간을 공유하고 동시대를 같이 살아간다는 것만으로도 동지라고 할 수 있다. 사람에만 한정된다고 생각하지 않는다. 반려동물도, 반려 식물도 심지어 일상을 영유하게 해주는 환경마저도 동지다. 하물며 어려움을 함께한 이라면 더 끈적한 동지애로 밀착될 수밖에 없으리라. 약속을 지키려 사지를 다시 찾아 들어간 이와 약속을 기다리던 이가 뜨겁게 포옹을 하고 있는 사진 한 장에 가슴이 뭉글뭉글해지는 이유다.

코로나가 세상을 점령한 이후 매일을 기적처럼 살고 있다. 불편과 불이익을 감수하는 사람들의 참음이 기적이다. 코로나의 침범을 받은 사람들을 돌보는 사람들의 헌신이 기적이다. 지금을 살아가야 하는 매 순간이 Miracle 작전이다. 그러나 코로나로부터 사람을 구출하고 대피시키는 것만으로는 이제 한계점에 이르러 가는 듯하다. 종식 작전을 위드 코로나 작전으로 바꿔야 한다는 전략 변경의 여론이 시작되고 있다. 바이러스는 생존을 위해서 계속 진화를 해 나갈 것이다. 퇴치할 수가 없는 지경이라면 함께 살아갈 방법을 찾는 것이 현명하리라. 백신과 치료제를 진화시키고 감기나 독감처럼 걸리지 않기 위한 주의를 일상화해야 한다. 더 강력해지고 지속적인 바이러스의 침투에 대응할 프로젝트가 될 작전명 'With'는 공존이다.

✦ 응급실에 가을장마가 난입하다

태풍이 열대성 저기압으로 탈바꿈을 한 먼바다 이야기를 들으면서 호우 특보가 유지되고 있는 가을장마의 위력을 보고 있다. 사흘째 굵은 비가 퇴색되지 못한 채 아직 준비되지 않은 나뭇잎들을 나무로부터 분리시킨다. 해안가에 퍼붓는 물 폭탄이 묶인 배들을 가랑잎처럼 흔들리게 하고 역류하는 물은 도심 복판에 파도를 치며 생활을 침수시키고 있다. 폭우 속을 달리는 앰뷸런스의 수선한 소리가 귀를 거슬리게 하지만 저마다의 삶에 매달린 절박함을 이해한다. 백신을 맞자마자 과민 반응이 일어난 아내를 부축해 구급차에 올려놓고 마음이 서둘러 불안하다. 살자는 모험을 죽자고 해야 하는 현실로 가을장마가 빗물을 여전히 퍼 나른다. 주삿바늘이 들어갔다 나온 자국은 볼 수 없다. 그러나 파르르 떨리는 팔의 통증이 가볍지 않게 묵직하다. 잠시 삶의 궤도를 이탈한 사람들이 멈춰 있는 응급실에 정숙하게 가을장마가 난입해 걱정스러운 일탈을 침수시킨다.

✤ 주사를 맞으며

오늘은 잠깐 나를 잊어야겠어요.
열이 오르고 몸의 근육들이
궤도를 이탈해버렸습니다.
정신을 자꾸 놓치는 날이었습니다.
긴장이 길어지고 빠듯하게
며칠 동안 몸을 옥죄었습니다.
견딜 수 있는 한계를 잠시 무시했나 봅니다.
탈은 순식간에 납니다.
방심하면 틈을 비집고 들어와 있지요.
몸살이 났습니다.
많이 불편하고 정신이 오갈 곳에
먼저 가거나 뒤늦게 옵니다.
엉덩이를 까고 주사를 한 방 세게 맞았습니다.
얼얼한 궁둥이를 문지르며
나를 방어하지 못한 시간에게 미안해집니다.
나를 사랑하는 일에 소홀하지 않겠습니다.
군더더기 같은 걱정거리들을 떼어내 줄
주삿바늘의 힘에 의지해봅니다.

✦ 끼니

밥때가 되면 배 속이 알아서 반응을 해줄 때가 좋습니다.
신체 기능이 정상적이라는 반가운 신호입니다.
때가 되었는지도 모르도록 배가 고프지 않은 적이 많았습니다.
마음이 아프면 몸의 균형이 무너집니다.
억지로 밥그릇 앞에 앉아서 두어 번 숟가락질을 하다
맥없이 내려놓으며 음식 냄새마저 귀찮아졌던 것 같습니다.
밥 생각이 없어지면 모든 일상이 지옥 같아집니다.
한 끼 밥이 간절해졌습니다.
배가 고프지 않아도 때가 되면 먹어야겠다고 마음을 부추깁니다.
굳세게 살아야 함과 타협을 했습니다.
입맛이 아닌 밥맛으로 끼니를 채워가렵니다.
무기력에 맞설 체력을 키워야 합니다.
피하기만 했던 밥 한번 먹자던 사람들에게 먼저 연락을 해야겠습니다.
밥 냄새가 사람 사는 냄새입니다.

✦ 잡놈

"썩을 놈, 맨날 고러케 살아라, 잡놈처럼."
허기진 배를 채우려다 찰진 덕담 같은 욕을 먹습니다.
욕인데 들어도 들어도 기분이 좋습니다.
악의가 담기지 않은 욕은 잘되라는 덕담입니다.
그래요. 나는 잡놈이었습니다.
잡초처럼 질기게 살아왔고
앞으로 마찬가지로 밟혀도 일어나고 일어날 겁니다.
썩어서 거름이 되면 어떻습니까.
잡풀을 기름지게 살려내는 값진 일인데.
잡놈, 참 괜찮은 욕입니다.
입꼬리가 올라가서 한참을 내려오지 않습니다.
오래 묵어 돼지 기름내가 찌든 국밥집에서
뜨신 국물에 엄지손가락을 담근 채 내다 주는
할매의 오래간만의 덕담을 배불리 먹고
참말 행복해지는 점심 나들이가 됐습니다.
"할매! 벽에 똥칠할 때까정 국밥 맨드쇼."
나도 최악의 욕덕을 날렸답니다.

✦ 겨울 속의 봄

　새해가 시작된 1월이다. 누군가는 계획을 세우고 소원을 시작한다. 또 다른 누군가는 계획 없는 실천이 중요하다고 무계획을 예찬하기도 한다. 나는 그냥 일상을 살겠다는 계획 아닌 삶의 방식을 고수하기로 했다. 내가 살아가야 할 시간에 충실히 적응해가겠다는 말을 담백하게 하고 싶다. 소박할수록 소중하다는 것을 이제 경험상 알 수 있을 만큼 살아왔다. 하루의 일상을 무던히 살아내는 것의 반복이 새해에도 여전히 계속되기를 희망한다.

　그런데 이번 겨울이 수상하다. 예년의 칼바람이나 종종걸음을 치게 하는 동장군은 온데간데없다. 연일 포근한 영상의 기온이 계속되고 있다. 눈이 오지 않는 겨울이다. 장맛비처럼 며칠씩 겨울비가 오곤 한다. 지구 반대편 어딘가는 이상기후의 영향으로 발생한 산불이 몇 달 동안 지속되고 불의 토네이도 현상까지 일어나 섭씨 48.9도까지 기온이 급상승했다는 뉴스도 나온다. 봄과 가을이 짧아지고 여름과 겨울이 길어졌다는 작년의 넋두리는 이제 대폭 수정해야 할 판이다. 겨울이 겨울스럽지 않다. 본격적인 봄이 오고 있는 3월의 기후가 12월 겨울의 시작부터 1월의 오늘까지 지속되고 있다. 내일부터는 연 3일 동안 장대비가 올 거라는 예보를 한다.

겨울이 춥지 않거나 여름이 덥지 않으면 자연의 균형이 무너지게 되어 있다. 계절이 본래 자기의 역할을 다할 때 사람의 삶도 제 궤도를 지킬 수 있다. 겨울이 봄처럼 온화하다. 찬 기운에 활동을 억제하거나 얼어 죽어야 할 이롭지 못한 병원체들의 생명력이 왕성해지면 흉년이 들고 사람들의 대항력이 약해진다. 눈이 오지 않는 겨울로 인해 관련업은 과다한 비용에 사업을 접거나 축소하고 얼음과 눈 축제는 시기를 정하지 못하고 있다. 미세 먼지는 정체되어 살인적인 수준을 유지한다. 춥지 않아서 좋아라 할 수 없다. 겨울은 추워야 한다. 3일꼴로 칼바람이 불고 얼음이 쩍쩍 얼어야 한다. 한 달에 몇 번은 펑펑 함박눈이 쌓여서 멋진 백설의 풍경을 보여줘야 하고 대지를 얼려야 한다. 얼었다 풀어지기를 반복하며 사람도 자연도 시련에 적응하도록 단련을 시켜야 한다.

겨울 속의 봄, 추위를 지키는 임무에 느슨해져 있는 겨울이 걱정이다.

✦ 나처럼

　입버릇같이 "남처럼 잘 살고 싶다"라고 하는 말을 많이 들었다. 나 역시도 의식하지 않고 모자람을 느끼거나 한계라고 생각되면 "남처럼"이라고 신세 한탄을 했다. 자신에게는 없는 것들이 남에게는 있다, 라는 생각은 사실 아무 근거가 없다. 자기에 대한 위로 또는 합리적 핑계를 만들고 싶음에서 비롯된다. 가지고 있는 환경이 다르고 품성이 다르다. 생각이 같지 않고 노력의 정도가 차이가 난다. 남처럼 사는 것은 잘 사는 삶이 될 수 없다. 나는 나처럼 살아야 한다. 하고 싶은 일에 집중하고 내가 소유한 능력을 기반으로 할 수 있는 노력을 다해서 나다움에 집착해야 한다. 남들은 나를 바라보며 "남처럼 살고 싶다"라고 할 것이다. 그들에게도 나보다는 남의 삶이 쉽게 보인다는 것은 어쩔 수 없는 인지상정이다. 부족한 것이 많아야 채우면서 살 수 있다. 채울 것이 없는 삶은 무료하고 나태롭다. 남과 같이 보이려 하지 말고 나처럼 남아 있자.

✦ 속보(速步)

잔걸음이 잰걸음으로 바뀌었다는 것을
가고 있는 중에는 몰랐습니다.
마음이 바빴을 겁니다.

사람만이 완전하게 하고 있는 직립 보행은
네 발을 사용하지 못해
뛰는 것이 마음을 앞질러 갈 수가 없습니다.

달리고 달려도 속력이 허술합니다.
껑충거리는 뜀박질은 질주가 못 됩니다.
뒷다리의 추진력과 허리의 유연함에
앞다리의 방향잡이가 일사불란해져야
그나마 속도를 끌어낼 수 있습니다.

그렇게 몸 전체를 조화시키지 못해
달리듯 두 발을 놀립니다.
"거기에 그대로 있어요.
마음의 속도는 이미
나도 당신 옆에 있으니까요."

✦ 겸손

오늘이 한풀 꺾였습니다.
머리 낮추고 말을 깔고 나서야
석양이 아름답다는 풍경을 감탄합니다.
요즘은 경어체로 말의 끝을 맺는 게 편합니다.
누구에게도 존중을 담을 수 있어서입니다.
있어 보이기도 하거든요.
나도 나를 감당하지 못할 순간들이 허다한데
알지도 못하는 사람들에게 이해해달라는
글을 쓰는 것은 어설픈 나를
파도 높은 방파제 밖으로 던져버리는 일입니다.
그냥 그대로의 날 보인다는 건
높임말을 쉽게 할 수 있다는
자만을 다스리는 거라고 생각을 정리합니다.
"고맙습니다. 감사합니다."
입이 문드러지게 해볼랍니다.

✦ 엄마의 난청

같은 말을 몇 번을 해야 했습니다.
반응이 없어서 짜증을 부렸습니다.
그래도 무덤덤합니다.
왜, 대답이 없냐고 옆에 앉아서 손가락 끝으로
옆구리를 찌르고 나서야 멀거니 쳐다봅니다.
영문을 모르겠다는 생뚱한 표정입니다.
갑자기 왈칵 눈두덩이 아려왔습니다.
하루가 다르게 노쇠해져 가는 변화를
무심한 내가 알아차리지 못했습니다.
항상 나의 말에는 세심히 귀를 열어주고
무엇이든 원하는 대로 해줄 것이라는 맹신에
배신을 당하게 되리라 염두에 두지 못했습니다.
오래전부터 소리에 약해지고 있었을 겁니다.
나에게만은 알아듣기 위하여 최선을 다해
귀를 기울였다는 것을 늦게야 알았습니다.
눈동자를 맞대며 이제부터는
당신의 언어를 내가 듣겠습니다.

✦ 안경을 맞추며

할지 말지 망설이게 하는 이유를 버렸습니다.
떡 벌어지게 하는 놀라운 안경 가격보다
선글라스 이외에는 써 본 적이 없는 안경에
적응할 자신이 없었기 때문입니다.
시력 검사를 하고 렌즈의 초점을 맞추며
이 테, 저 테를 코끝에 걸쳐 봅니다.
거울에 비쳐진 모습이 어정쩡하니 어울리지 않습니다.
내 것이 아닌 허물이 앞을 가리고 있는 듯 이물감이 듭니다.
눈앞에 잔상이 많이 남아 사물에 대한
선명한 판단이 잘 되지 않은 지 오랩니다.
맨눈에 찔끔거리며 눈물이 납니다.
자고 일어나면 눈이 가장 거북합니다.
'점포 정리 기본 50% 세일'
길을 걷다가 보인 현수막에 거부감 없이
문을 밀고 들어갔습니다.
내 눈만으로는 살아가기 힘들어졌습니다.
다른 눈의 힘을 빌려 잘 보고 살아가야겠습니다.
부족함이 창피한 것은 아닙니다.
회피하고 숨기다 악화를 구축하는

잘못을 방치하는 것이 부끄러운 것입니다.
눈 위에 눈을 하나 더 갖습니다.

✦ 1월의 봄

겨울이 멈추었습니다.
추위를 잃은 채 겸손해진 겨울이 달갑지 않습니다.
일찍 데려온 봄을 대하는 태도가 불량해집니다.
겨울 속의 봄 날씨가 지속될수록 걱정이 앞섭니다.
변종 바이러스가 살맛이 난 듯 기승을 부리고
가벼워진 옷차림을 하고 다니던 사람들이
거리에서 사라져갑니다.
검은색 마스크가 유행이 되었습니다.
하얀색 마스크가 패션 아이콘이 되었습니다.
비말이 튈까 봐 사람과 사람 사이가 멀어지고
악수 대신에 멀찍이서 손을 흔드는 게 자연스러워졌습니다.
햇살을 받은 목련나무 가지 끝에는 꽃봉이 부풀고
모과나무가 새 손을 일찍이 내놓고 있습니다.
1월의 겨울 같지 않은 겨울이 지독히도 추웠던
과거의 기억을 묻고 본격적인 봄으로 직진을 합니다.
두툼한 겨울옷들이 땡처리되고
마네킹은 화사한 얇은 옷으로 갈아입고 있습니다.
어이없게 빨리 찾아온 겨울 속의 봄이 부담스럽습니다.
다워야 할 때가 답지 않으면 반갑지 않아집니다.

✦ 새벽 낭만

사북이 쌓인 눈이 가로등 아래서
빛을 내며 어스름을 밀어냅니다.
이른 하루를 시작하기 위해 잠을 미루고
엉거주춤 서서 들고 있는 새벽 커피가 쓰디씁니다.
어쩌겠어요. 뒤척이며 눈만 감고 있느니
개운치는 않아도 눈을 뜨고
어제 뒤가 켕기게 미뤄놓았던 생업에 착수해야지.
오늘 잠을 설치며 해야 할 일이 있다는 것이
눈 쌓인 새벽의 낭만입니다.

✦ Insider와 Outsider

대립을 말하고자 하는 것이 아닙니다. 차이를 말해 보고 싶습니다. 사람은 하나하나가 모두 다를 수밖에 없습니다. 한 부모에게서 태어난 형제자매도 같을 수 없는데 모두가 다른 유전자를 가지고 있는 개인이 신체적으로나 정신적으로나 같지 않다는 것은 당연합니다. 안개가 내려앉아 있는 다리를 건너다가 문득 다리를 벗어나면 사라지게 될 안개 안의 세계와 안개 밖의 세계를 대하는 태도가 완연히 다르다는 것에 대하여 생각해 보게 되었습니다. 흐르는 강물과 접촉하는 공기의 온도 차이가 만들어 내는 안개가 신비스럽다거나 시야를 가려 거북하다거나 하는 일차적 호불호가 아니라 잘 보이는 세계와 가려진 세계를 동시에 살아가는 안과 밖에 대한 고심이었습니다. 자신의 생각과 태도에 대하여 끊임없이 성찰하고 주의를 기울이는 사람과 자신의 문제를 밖의 요인으로 돌려 공격적으로 자기방어를 하는 사람의 차이에 대하여 골몰해 봅니다. 인사이더와 아웃사이더라고 각각을 지칭해 봅니다. 양면을 어느 정도는 다 가지고 있기 마련이지만 극단적으로 양분을 해 봅니다. 대부분의 선량한 사람들은 인사이더의 성향이 강합니다. 자신의 행복을 추구해 가는 과정에서 타인에게 피해를 주지 않기 위해 노력합니다. 주장에는 정당함과 명분을 갖추려고 합니다. 부끄러움을 알고 지나침을 경계합니다. 감당하기 어려운 고통이 찾아오면 자신 안으로 들어가서 고통과 대면할 준비를 하고 타협을 합니다. 아웃사이더는 그렇지 않은 편향이 뚜렷하다고 하겠습니다. 자신만을 이해시키면 되고 타인의 이해를 구하지 않습니다. 옳고 그름의 경계가 모호합니다. 사안별로 다른 기준과 판단을 당연시합니다. 수치심이 없는 것이 아니라 수치감을 느끼지 않으려 합니다. 자신에게 찾아오는 고통과 대화하지 않습니다. 자신 밖의 환경과 주변인을 향한 공격으로 고통을 확장시켜 버립니다. 안개를 벗어나면서 범위가 넓지 않은 안개 안에 갇혀 사는 사람들이 많지 않아서 다행이라는 생각을 합니다. 안개 안과 밖의 경계선에 부정한 생각들이 접근하지 못하도록 금줄을 치면 좋겠다는 너스레를 떨어 봤습니다.

✦ 싫어할 권리

권리는 행사하는 것이고 누리는 것이다. 따라서 의무와는 반대다. 해도 되고 안 해도 된다. 의무는 포기할 수 없지만 권리는 포기할 수 있다. 누리지 않는다고 누가 뭐라고 시비를 걸지 않는다. 권리는 자신의 이익과 편리를 위한 것이지 남을 나보다 더 이롭게 해주는 것도 아니다. 의무가 공공의 이익과 안정을 우선하는 것과는 다르다. 의무가 강조되던 시대는 지났다. 권리가 득세를 하는 시대다. 사람들은 해방감에 취했고 어깨를 으스대며 살게 되었다. 좋은 시대인 것은 맞다. 그러나 지나친 권리의 주장이 극단적인 이기주의와 자유방임의 세태를 만들어냈고 집단의 권리 행사는 폭거로 치닫게 되었음을 간과할 수가 없다. 지켜야 할 마땅한 의무가 소홀해진 권리가 막장의 세계를 건설한다는 것을 알면서도 불나방처럼 맹렬하게 달려든다. 권리가 권한이 되면 안 된다. 권한은 권리가 미치는 범위다. 권리를 권한처럼 해석해 맘껏 자신과 자신이 속한 집단을 위해 사용하려 하기 때문에 권한 밖의 타인이 상처를 받게 된다. 타인과 타인의 집단을 소외시키려는 어떠한 상식 밖의 왜곡된 권리 주장에도 나는 엄중히 반대한다. 나에게, 우리에게는 나쁜 권리를 싫어할 권리가 있다.

✦ 감정 다이어트

청소기를 밀며 한동안 빠뜨려 놓았던 머리카락들을 따라다녔습니다. 머리카락을 따라 청소기를 들이대면 쌓인 먼지들도 쉽게 찾을 수 있기 때문입니다. 보이지 않는 먼지를 먼저 치우는 것보다 효과적인 청소 방법입니다. 바닥에 깔아 놓은 카펫을 젖히고 침대에 펼쳐진 이불을 내리고 순간 파워를 올리며 머리카락을 찾는 데 신경을 집중시켰습니다. 볕 좋은 주말 오전, 창을 다 열어 놓고 일부러 먼지를 뿜어냈습니다. 사람이 있다 간 자리는 흔적이 깊게 패어 있기 마련입니다. 있다 없는 허전함을 지우기 위해 제일 좋은 일이 청소를 하는 것입니다. 쌓인 쓰레기를 버리고 너저분하게 방치된 빨래를 개키며 피로해져 있는 감정을 달래 주는 것. 둘 데가 없어지고 있는 마음 다이어트를 합니다. 감정도 비대해지면 기름기가 끼고 마음의 내장에 지방 덩어리로 축적이 됩니다. 감정이 적당히 건강하도록 단련을 시켜야 하는 몫은 나에게 있습니다. 여전히 나는 내 마음의 소유자니까요.

✦ 봄바람과 생일

　종일 침대와 거실과 화장실로 움직임이 제한되었다. 커피 세 잔, 돼지고기를 잔뜩 넣은 김치찌개, 콩나물을 듬뿍 투하한 라면 그리고 때마다 마개를 오픈한 소주. 무료할 때마다 무선 청소기를 돌리며 혼자의 생활에 침잠했다. 여전히 익숙해지지 않는다. 냉기가 점령한 중간 방에서 홑이불을 꺼내와 소파에 비스듬히 누워 리모컨질을 하다가 그마저 지루해지면 커튼을 친 이후 젖힌 적이 없는 끝 방에서 책꽂이의 책들을 이리저리 이동시키기도 했다. 오래 묵은 회전의자 모서리에 엉덩이를 걸치다 삐끗해 엉치뼈가 시리도록 낙상을 하기도 했다. 먹은 잔해물들을 때마다 씻으며 냉장고에서 익어가는 멀쩡한 반찬들도 끌어내 최강 속도를 자랑하는 음식물 처리기에 돌리며 지루함을 갈았다. 손이 건조해지고 가렵다고 느껴질 때면 화장대에서 잠자기만 하던 로션을 소환하고 입 안이 심심하면 칫솔질을 하며 대형 거울 속에 비춰진 표정 없는 얼굴과 대면했다. 수건 몇 장과 양말 서너 개뿐인 세탁기를 돌리고 건조기까지 제 역할을 시켰다. 새 이파리를 피워내고 있는 그라비올라 화분에 물을 주고 먼지 낀 잎을 닦으며 답답할까 봐 커튼을 젖혀주기도 했다. 탁자 위를 굴러다니는 페레로로쉐 초콜릿을 까먹으며 코털 가위로 큰 코를 쑤시다 날이 저물었다. 봄바람을 이기지 못하겠다. 수선스럽고 이기적이다. 사람이 혼자일 때 품어야 하는 심란스러움을 이해해주지 않는다. 왔으니 당연히 맞으라 한다. 그러거나 말거나 내일을 미리 축하해주는 문자를 읽으면서 처연해진다. 미역국은 잘 먹은 걸로 칠게.

✦ 꽃 눈물

오늘 결국 떠올리지 않고 싶던 그때를 생각하고 말았어. 허비적거렸고 뒤뚱거렸어. 허비할 시간이 없다는 핑계를 절대의 무기로 신격화시키며 살았던 몇 년의 시간이 한 번에 무너졌어. 다시 자책이 세포를 분열시키던 그때로 돌아간다는 건 나를 말살시키는 것이었지만 꽃이 피기 시작할 때가 나에겐 가장 위험한 시기라는 걸 잊어버렸어. 매화가 피고 있다는군. 광대나물꽃이 이미 피었다는 소식을 어제 들었어. 봄꽃은 내 몸에 멍 자국 같아. 꽃이 이토록 알싸하게 피어나는 봄이 아니면 좋겠다고 옹알이를 했어. 이미 핀 영춘화 앞에서 봄을 거부하며 뒷걸음만 쳤어. 그냥 꽃 눈물을 흘려보고 싶었을 뿐이라고 이해해.

✦ 이사

  바람은 봄이라고 마른 나뭇잎을 흔든다. 이파리를 떨어내지 못한 나무처럼 버리지 못할 짐들을 나르며 삶의 터를 옮기고 싶은 계절이다. 미열과 약간의 몸살기로 하루의 휴가를 소모하며 이사가 한참인 이웃집을 본다. 어딘가로 가고 어딘가에서 신산한 생활을 이어 가겠지. 오르락내리락 사다리차가 바쁘다. 봄이 부산스럽게 오고 있다.

✦ 센 척

괜찮다고, 당당하다고, 쿨하다고
센 척하고 삽니다.
안 그러면 우스워져 놀림을 당할까 무서워서.
강하다고 우길 뿐이지 두려움을 견디며
살아가는 것이 삶입니다.
연약한 자신을 인정하게 되면
하고 싶은 일도, 자신을 지키는 일도
힘들어지기 때문입니다.
"아무도 없는 집에 들어가서 혼자 청승 떨지 말고
자장면에 군만두 한 접시 같이 먹고 들어가라."
친구의 맘 쓰는 문자를 보면서
심장을 향해 쏠리는 실핏줄들이 팽팽해졌습니다.
약하면 어떻습니까.
나를 생각해 주고 내가 믿음을 줄 수 있는
말 한마디 주고받을 사람이 있다면
센 척하지 않아도 됩니다.
약한 마음들이 합쳐지면 세상에서
가장 센 정을 만들어 내니까요.

✤ 일상의 일탈을 바라며

 텔레비전을 틀어놓고 냉장고를 열었다 닫으며 주방에서 설거지를 한다. 아무 소리도 들리지 않으면 불안하다. 뉴스 채널에 맞춰진 텔레비전에서는 연일 전염병에 대한 상황과 대응에 대하여 한 편의 짜여진 소설을 쓰고 있는 해설가들의 목소리가 장황하다. 물소리에 맞춰 컵과 그릇을 순서대로 닦는다. 라면 봉지를 뜯어 끓고 있는 스테인리스 편수 냄비에 면을 투하하고 김치냉장고에서 깊은 맛을 품고 있는 묵은 김치를 꺼내 적당한 크기로 칼질을 한다. 얼음을 깬 유리컵에 담고 페트병 소주를 붓는다. 습관으로 굳어가는 저녁 일상에 나는 잘 적응하는 중이다. 휴대폰을 꺼내 식탁에 올려놓고 고슬거리는 면에 젓가락질을 하며 인스타를 보다 페이스북으로 넘어간다. 카톡 내용을 확인하고 문자 메시지에 답을 해주다 국물 한 모금을 마신 후 식사를 마친다. 채널을 1번부터 100번까지 3회전쯤 하다 보면 하는 꼴이 지겨워 이른 잠자리에 들어가지만 두어 번 이불을 걷어차고 팬티 바람으로 거실로 나와 물을 마시거나 액체 홍삼을 빨아대다 할 일 없어 침대로 들어가게 된다. 밤은 항상 길고 지루하다. 공기 청정기가 뿜어내는 기계 바람 소리와 가습기가 내놓는 수증기가 오래전에 집에서 사라진 사람의 숨소리처럼 새근거린다. 일상이 일탈이 되면 좋겠다는 생각을 하게 된다. 무료해서가 아니라 설레서. 고요해서가 아니라 시끄러워서 잠을 자지 못하기도 하면 좋겠다. 무엇보다 가위눌린 꿈을 흔들어 깨워줬으면 좋겠다. 잠꼬대를 하다 일어나

소변을 보고 내린 변기 물 내려가는 소리가 천둥 치듯 뒷등을 밀친다. 새벽이 왔을 시간이다. 일상을 맞아들여야 한다.

✦ 밥 짓는 저녁

낡은 밥솥을 깨끗이 씻어 폐기물 상자에 넣어 놓은 지 삼 일 만에 새로 주문한 최신상 솥이 도착했다. 콩나물밥, 무밥, 버섯밥. 다양한 밥을 고슬고슬하게 지어 먹고 싶어서 밥솥을 바꾸기로 작정했다. 쌀이 부족해 잡곡을 넣고 나물들을 더했던 어머니의 가마솥 밥이 그리워졌다. 쌀을 씻어 불리고 콩나물을 씻어 밥을 안쳐 놓고 달래장을 만들기 시작했다. 처음 해 보는 맛이 무척 궁금하다. 평범함이 안정을 준다. 콧노래에 맞춘 달래 써는 칼질 소리가 집 안을 점령한다. 다 된 밥솥 뚜껑을 열고 따습게 얼굴에 쐬어지는 밥 김 냄새를 맡는다. 밑반찬이라야 김치와 오징어젓갈과 멸치볶음이 다지만 뜨거운 밥 한 공기만으로도 푸짐한 저녁이다. 최상급 고기를 굽고 멋지게 플레이팅을 한 요리가 있는 식탁보다 김이 나는 흰밥 한 그릇이 주인공이 된 밥상을 마주하는 것이 뜸해져 버린 생활에 싫증이 난다. 마음을 담아 서로의 입에 밥 한 숟갈 넣어 주며 눈꼬리, 입꼬리를 올리는 저녁 밥상 앞에 있고 싶다. 그렇게 정이 사무치게 그립다는 말을 어렵게 한다.

✦ Take out

멀거니 앉아서 주변을 둘러봐도 사람들이 없다. 도심이 비어가기 시작한 지 오래다. 사람과 사람 사이가 사회적 거리를 두고 간격이 떨어졌고 얼굴을 가린 사람들은 스스로 격리 중이다. 느긋하게 커피 한 잔 마시는 것도 눈치가 보인다. Take out을 해서 봄기운이 밀착해 있는 밖으로 나오고 말았다. 거리를 두고 물러서 주는 것이 배려가 되었다. 나 하나가 여럿의 생활을 가두게 할 수 있다는 두려움은 지극히 정당해졌다. 꽃이 피었다는 소식을 일부러 듣지 않아도 봄꽃은 곧 기승을 부릴 것이다. 밀착해서 꽃술의 냄새를 맡아볼 수 있게 될지는 모르겠다. 꽃향기마저도 Take out 해야 할 판이다. 마음의 거리는 밀접하게 유지하고 몸의 거리는 멀리 두라는 사회적 권유는 나를 지키듯 타인을 지켜줘야 한다는 배려의 실천이다. 믿음도 Take out, 사랑도 Take out.

✦ 성스러운 맹세

"아픈 디는 없지야? 나는 괘안아."
오늘도 선수를 놓치고 맙니다.
늘 먼저 해야겠다는 말을 빼앗기다 보니
마음이 불편하지도 않습니다.
"나는 별일 없어. 아직 날이 차. 보일러는 틀어놨지?"
뒷북치는 안부를 천연덕스럽게 묻습니다.
"나 걱정일랑 하덜 말고 니나 잘 챙겨.
밥은 묵었냐? 밥때 거르면 안 된다야~."
이제부터 되풀이하는 레퍼토리를 시작할 모양입니다.
들을 때마다 특별히 해줄 말이 없습니다.
"여그저그 안 쑤시는 디가 없어서
댕기고 싶은 디를 못 댕겨서 글제. 나는 편허다.
더 아퍼서 움직거리지도 못 허고 눕기 전에 편케 가야 할 거인디."
쓸데없는 소리 하지 말라고 혀나 두어 번 차 주고
통화가 종료된 전화기를 멀거니 쳐다봅니다.
푸념 같던 어머니의 죽음을 맞이하고 싶은 태도가
자식 고생시키지 않겠다는 성스러운 맹세로 들려옵니다.

✦ 어쩌다가

나도 모르는 사이에 나는 없어지고
아빠가 되어 있었습니다.
운명처럼 혹은 숙명이라고 받았지요.
그때부터 첫 번째 직업은 아빠였습니다.
흔들려도 흔들리지 않은 척해야 했고
곤궁해도 당당해야 했습니다.
무너지면 신성한 직업을 지키지 못할 테니까요.
나를 정당화시키고자 하는 기우였습니다.
스스로 커서 스스로를 지켜 가고 있었습니다.
나도 그랬습니다. 아버지의 주검 앞에서
나는 수십, 수만 배 단단해졌었습니다.
지금 가지고 있는 최고의 직업은 나입니다.
'외로워도 슬퍼도' 울지 않겠다는
발랄한 노래처럼 흔들리지 않겠습니다.
버릴 거 버리고 잊어야 할 거 잊겠습니다.
지나간 날의 부스러기를 청소하고 싶습니다.
나는 나를 믿습니다.

✦ 식도락

　배가 고프지도 않은데 먹는 것이 많다. 세끼 이외에 간식을 먹고 짬짬이 군것질도 한다. 불경기라고 입에 달고 다녀도 소문난 맛집에는 줄을 선다. 물리적 거리를 두고 살아야 하는 바이러스가 창궐한 시간에도 여전히 낯익은 풍경이다. 먹어야 산다, 라는 명제는 생명 활동이 유지되는 한 진리라는 걸 실감한다. 이왕이면 맛있는 것을 먹고 싶은 걸 어쩌랴. 맛난 것을 먹어야 살맛이 더 나게 되어 있다. 그러나 맛없는 것도 먹어야 산다. 나이도 먹었다고 한다. 욕도 먹었다고 한다. '먹는다'라는 말에는 받아들인다는 수긍이 녹아 있는 것이다. 소화시킬 수 없는 것도 '먹는다'에 담긴 철학은 긍정이다. 마음도 먹어야 비로소 다짐이 되고 무엇이든 시작하게 된다. 입으로 먹는 것보다 마음으로 먹는 맛이 더 강렬하고 오래 지속된다. 마음의 미각이 민감한 사람이 진짜 식도락가다. 가슴이 맛있게 살고 싶다.

✦ 뻔하다

"읽다 보니 내용이 뻔한데!"라는 말을 듣게 되는 경우가 꽤나 있다. 뻔할 수밖에 없는 변명을 해보고 싶다. 뻔해야 읽기에 편하다. 간혹 예측을 벗어나는 이야기가 좋기도 하지만 기대하는 결말에 이르러야 만족감이 들게 되어 있다. 글을 통해 얻고 싶은 것은 대리만족이다. 특히 에세이나 시에서 논리를 찾고 인과를 따지는 것은 맞지 않는 읽기의 습관이다. 논리는 철학에서 찾는 것이 맞다. 인과는 소설에서 따지면 된다. 감정적 안정감 혹은 정서적 동질감을 느끼게 하기 위해서 에세이와 시는 존재하는 것이다. 뻔하지 않으려면 복잡해진다. 복잡해지면 난해해지고 공감력을 극대화시킬 수가 없어진다. 마음을 정화시키고 감동시키기 위해서는 뻔한 내용이 뻔한 결말에 이르는 것이 좋다. 다만, 뻔한 표현이 되지 않도록 단어를 선택하여 배열하고 적절한 수사와 서사적 구조가 어우러지게 해야 좋은 글이다. 이해하는 데 머리를 써서 해석하는 글이 아니어야 한다. 쉽게 읽히고 읽자마자 뭉클해지면 더없이 좋을 것이다. 현학적이 아닐수록, 평범한 소재들이 다양한 모양으로 버무려질수록 좋은 글이 된다고 믿는다. 내가 쓰는 에세이시는 뻔하다. 누구나 뻔하게 읽고 뻔하게 받아들여 주기를 추구한다. 뻔해야 편하다. 뻔뻔하게 나는 뻔한 글을 쓰는 것이 좋다. 내가 쓰고 있는 글은 에세이와 시의 경계를 허물어뜨리고 둘을 하나의 장르로 합했다. 그래서 명칭도 '에세이시'라고 붙이고 새로운 장르의 시작이라 자화자찬을 하기도 한다. 시에 서사적 구조를 삽입하고 에세이에 시적 형식을 결합해 시와 에세이의 경계선에 올려놓았다. 곧 주류의 문학 장르가 될 것이라 뻔뻔하게 믿는다.

✦ 쓰레기 청소

 한바탕 시원하게 비질을 하고 나면 주변이 깔끔해진다. 그러나 비질만으로 청소가 끝난 것은 아니다. 쓸어 모은 잔재들까지 보이지 않게 처리해야 한다. 아무리 구석구석 다 치웠다고 치웠는데도 어딘가에 꼭꼭 박혀 있는 티끌 같은 오물들도 남게 된다. 청소가 완벽하기는 힘들다. 하지만 거슬리는 쓰레기를 걷어낸 것만으로도 마음은 한결 가벼워진다. 한때 '사람에게 충성하지 않는다'는 말에 가슴이 뭉클해진 적이 있다. 그 문장 뒤에 순수함과 열정이 숨어 있다고 믿었기 때문이다. 힘 있는 개인에게 얽매이지 않는다는 말로 받아들였다. 그러나 애석하게도 사람은 절대다수의 선량한 사람에게 충성해야 한다는 보편적 진리를 간과하고 말았음을 알았다. 몸이 파묻혀 있는 조직에만 충성하는 것도 안 된다. 더군다나 자신에게만 충성하고 있어서는 더욱 안 된다. 양심에 충성해야 하고 정의에 충성해야 한다. 보편타당하지 않은 신념은 신념이 아니다. 아집과 독선이다. 잘못된 생각을 끝까지 믿게 되면 쓸어내야 할 쓰레기가 된다. 떠들썩한 청소가 끝이 났다. 보이지 않는 곳에 틀어박혀 있는 오물이 깨끗해진 길에 다시 굴러다니지 않도록 마무리 청소를 자주 하는 것이 좋겠다.

✦ 환골해야 탈태가 된다

　출근을 하면서 매일 듣는 라디오 시사 프로그램이 있습니다. 출연자나 인터뷰를 하는 사람들은 제각각의 논리와 주장을 서슴없이 합니다. 뭐~ 당연한 것이란 걸 인정합니다. 자기 논리와 주장이 없다면 애써 방송에 섭외가 되어 이런저런 말을 할 필요가 없을 것입니다. "그런데 말입니다. 객관성이 없어요. 다르게 생각할 수 있는 사람들에 대한 배려가 없어요. 일방적이고 독단적이거든요. 오로지 자기 편, 자기 진영만 절대 선이라고 우겨요. 특히 극단적 우 편향에 몰빵된 측이 더 그렇더라고요. 환골도 하지 않고 탈태한 것처럼 그럴싸하게 말만 하는 사람들이 제일 지겨운 부류라는 것을 모르더라고요. 말을 막 해대더라고요." 어제는 오랜만에 거나하게 술을 마시고 못 했던 막말을 나도 했습니다. '다시 연락하지 말자'고. 술에 취하면 실수를 간혹 하게 되지만 망설이다 하지 못하고 있던 일도 서슴없이 마무리를 하게 되기도 합니다. 뼈를 뒤트는 아픔이 없이는 할 수 없었던 일을 실수라고 허물을 씌우고 저지릅니다. 지워야지, 버려야지 하면서 가지고 있었던 전화번호를 수신 차단하고 삭제해 버렸습니다. 나와는 다른 정신세계를 가지고 있다는 것을 인정해 주고 싶었습니다. 그와 그녀들에게는 내가 접근하지 못하는 고차원의 이상 세계가 있다고 믿어 주고 싶더라고요. 맺었던 관계를 놔줘야 할 때를 너무 오래 지나쳐 왔습니다. 오늘 라디오 출연자는 조금 다르더군요. 뼈아픈 자기 반성을 했습니다. 모든 잘못을 다 저질렀다고. 모든 것을 다 바꿔야 한다고. 진심인지 그냥 그런 척하는 것인지는 알 수 없지만 그 말만은 그대로 믿어 주고 싶었습니다. 그리고 나도 이전의 태도와 생각을 버려야겠다는 생각을 했습니다. 궁극적인 미련을 놓아주어야겠다는 생각을 하며 끊어야 할 인연을 작정하고 밀어냅니다. 관념의 탈태를 해내고 싶습니다. 휴대폰에 남겨져 있던 문자와 SNS의 흔적들을 영구히 삭제하면서 가슴에 흩어져 있던 아쉬움의 잔해들도 지웁니다.

✦ 뒤집기 한판

 일곱 달 동안 깔고 앉아있던 카펫을 세탁기에 집어넣고 3년 동안 창고에 방치했던 카펫을 깔았다. 추억의 찌꺼기가 묻어 있을 줄 알았는데 거실이 환해진다. 겁을 지레 먹고 있었다. 오래된 물건을 버리거나 외면하고 있던 이유는 과거를 소환해낼까 무서웠기 때문이다. 물건을 대하는 태도가 문제라는 걸 인정하지 않았던 것이다. 어떤 상황은 그저 기우일 뿐이다. 의미를 부여하고 받아들이는 자세가 삶을 복잡하게 할 뿐이다. 새로 산 이불, 새로 장만한 옷만 덮고 입으며 지난 시간의 두려움에 굴복하며 살아왔다. 지나간 아픔을 대면할 용기가 없어서다. 오늘은 이불장에 쟁여놨던 예전의 이불과 베개를 꺼냈다. 옷장을 뒤집어 묵은 냄새가 나는 옷들을 쏟아냈다. 멀쩡한 것들을 놔두고 쓸데없이 돈을 썼다. 찬장 깊은 곳을 뒤져 접시와 컵들을 들춰냈다. 책장을 다시 정리하고 쳐놓은 채 방치했던 커튼을 젖혔다. 책상에 앉아 쏟아져 들어오는 햇빛을 받아 노트를 채웠다. 아프지 않다고, 괜찮다고 말만 앞세우고 나는 지금이란 삶을 회피하며 엄살을 부리고 있었던 것이다. 묵은 물건들이 뿜어내는 칙칙한 냄새들이 편안하게 와 닿는다. 받아들이는 마음이 변하지 못하면 새로워질 수 없다. 오래된 나를 뒤집어 새것처럼 받아들인다.

✦ 선택의 값

　초저녁잠이 자정을 조금 넘긴 시간에 깨어 채널을 이리저리 돌리다 보험 설계 프로그램에 우연히 멈췄다. 한때 만능 보험인 줄 알고 가입한 종신 보험이 애물단지가 되고 있는 상황과 종신 보험에 기대했던 오류들 그리고 어떻게 하는 것이 좋은지에 대한 분석을 하고 있었다. 십 년이 훨씬 넘는 기간 동안 매월 보험료를 빠짐없이 납부하고 있는 종신 보험, 그동안 성실하게 납부한 금액이 해지하게 되면 큰 금액의 손실이 발생하게 되는 것이 아까워서. 나중에 혹시 제도가 바뀌지 않을까 하는 망상 같은 기대 때문에. 계속 유지하고 있는 현실을 돌아보게 했다. 아침에 출근하자마자 보험사에 전화를 걸어 해지할 때와 연금 전환할 때에 대한 조건과 손실금에 대하여 문의를 했다. 해지하게 되면 환급률은 총 납입액에 57%에 해당하는 금액을 즉시 송금해준단다. 연금 전환은 만료일까지 납입을 하고 해지할 때와 똑같이 총 납입금액에서 57%에 해당하는 금액을 연금으로 전환하는 것이란다. 사후에 나오는 보험료가 지금은 나에게 필요 없다. 남겨질 가족을 위한 생계비가 있어야 했던 때가 있었다. 그러나 지금은 필요가 없어진 상황을 산다. 보험은 기본적으로 장래의 나를 위한 것이야 한다. 누군가를 위한 보험은 분쟁이 되기도 하고 낭비가 되기도 한다. 살아 있을 때의 삶을 위한다면 나에게 종신 보험을 계속 비용을 들여가며 유지할 필요가 없겠다는 판단이 들었다. 간단한 해지 절차를 끝냈다. 고된 생활을 쪼개 불입했던 막대한 금액이 순식간에 사라졌지만 선택의 값으로 받아들인다. 돌려받은 57%를 지금 살아 있는 나에게 오늘 선물로 준 것이라고 위로를 한다. 결과가 좋으면 좋은 대로, 나쁘면 나쁜 대로 자신이 선택한 것에 따르는 대가도 받아들여야 한다. 좋은 결과는 자신의 공적으로 둔갑시키고 그렇지 않은 결과물은 나 이외에 다른 모든 이들의 탓으로 돌리는 덜된 사람들이 많다. 말 방정으로 한순간에 자신을 망치기도 한다. 어떤 선택이든 값이 따른다. 선택은 나의 몫이고 책임이다.

✦ 벌거지에 쏘이다

　벌거지는 버러지를 이르는 사투리다. 생김새가 무섭다고는 할 수 없으나 흉물스럽다. 이로움을 주는 생물도 있지만 그렇지 않은 것들이 더 많다. 누에를 벌거지라고 하지는 않는다. 나비의 애벌레도, 장수풍뎅이의 유충도 그렇다. 사람에게 해를 입히거나 식물의 성장을 저해시키는 것들에게 벌거지라고 하는 편이다. 버러지들은 생명력이 강하다. 살아남기 위하여 독성을 품고 있거나 숙주를 골라 기생을 한다. 벌거지에 쏘이거나 물리면 피부가 붓거나 피가 나기도 한다. 두드러기가 나기도 하고 치명적인 병을 유발하기도 한다. 소나무가 송충이의 집단 공격에 말라 죽고 붉은 매미의 공격에 과실나무들이 탐스러운 열매를 맺지 못한다. 버러지같이 악취가 나는 배설물을 아무 곳에나 싸지르고 사는 사람이 있다. 타인을 공격하고 속이는 극독을 쏘아대며 사는 사람이 있다. 소수가 아니라 제법 많다는 것이 문제. 사회적 규범이나 법이 존재하지만 교묘하게 피해가거나 오히려 허점을 이용하며 산다. 사람에게 죄짓는 잘못된 삶을 자랑스러워하는 사람은 사람이라고 하지 말아야 한다. 인간 벌거지다. 자신만을 아는 사람은 염치가 없다. 비루한 삶을 부양하기 위해 들러붙을 숙주를 찾는다. 잘못이라는 개념을 알지 못하는 듯 자신만을 위한 행동에 당당하다. 관계를 단단히 하기 위해 노력하던 중에 인간 벌거지에 쏘였다. 빠져나오지 못할 깊은 관계까지 가지 않고 알아가기 위한 과정에 있어서 다행이라고 스스로 위로를 한다. 흉한 관계를 끊으면서 한 단계 성장한다. 버러지 경계경보를 발령한다.

✦ 사소한 접대

 마음이 허전해서일까, 거의 매일 뭔가를 산다. 당장 필요한 것이 아니라도 생각이 나면 온라인 쇼핑에 접속을 한다. 검색을 하고 가격을 보고 디자인을 따지고 나면 장바구니에 담아 결제를 한다. 사는 것들도 일관성이 없다. 어떤 날은 청바지를 한꺼번에 색깔별로 서너 개를 사고 다른 날에는 아귀포와 반건조 오징어를 산다. 시계를 사기도 하고 바지와 셔츠를 주문하기도 한다. 라면을, 화장지를, 프라이팬을. 패턴이 없는 소비다. 그러나 결국 모든 물건들은 나를 위한 접대품들이다. 생활을 하기 위한 사소한 필요를 사치라고 할 순 없다. 오늘은 잦은 음주를 위로하기 위해 밀크시슬을 샀다. 내일은 뭘 주문할지 모르겠다. 비어서 너무나 가벼워져 있는 마음을 단단하게 채워주는 다른 사람의 마음도 살 수 있었으면 좋겠다.

✦ 아주 잠깐만 마스크를 벗고

장마와 폭염의 사이가 만들어 낸 기압골이 휴전 중이다. 의무가 된 마스크를 귀에 걸고 헐렁한 반바지와 늘어진 티셔츠를 걸친 채 늘 다니는 길을 걷는다. 풀잎이 쓰러져 있다. 꺾인 풀대의 비명이 상큼하게 코를 자극한다. 사지의 활개를 펴며 오늘 하지 않으면 영영 못할 것처럼 코를 킁킁대며 새로 시작되고 있는 인연을 가늠한다. 불어난 물이 졸졸 비탈을 타고 발밑을 타고 지나간다. 부처꽃이 습지에서 새초롬하다. 좀작살나무도 분홍의 열매를 맺기 위해 여리게 피어 있다. 바쁠 것도 없는 걸음은 자꾸 멈춘다. 천인국과 원추리 사이가 만들어 놓은 틈에서 아주 잠깐 마스크를 벗고 사랑하며 살아야 삶다워질 거라고 숨을 크게 쉰다.

✦ 조절 장애

　장마다운 장마가 지루하게 지속되고 있습니다. 낮 동안 가늘어졌던 빗줄기가 밤이 되면 하천을 범람시키고 축대를 무너뜨립니다. 아름드리나무가 쓰러지고 빗길에 미끄러진 차들이 혼잡하게 얽혀 불안을 가중시킵니다. 재산과 인명의 피해까지 나고 있다는 뉴스를 들을 때마다 소강상태에 들어서 버린 여름의 뜨거운 태양이 보고 싶어집니다. 여전히 고성이 오가는 국회와 저명인사를 향해 폭로된 미투가 장마보다 시끄럽다는 것에 미간이 좁혀집니다. 기득권을 내려놓지 않으려는 무소불위의 권력 기관과 그 권위에 기생하며 본분을 망각하는 일부 언론의 개나발 소리가 사회를 오물통으로 만들고 있기도 합니다. 극좌도 극우도 염증이 나기는 마찬가지입니다. 표현의 자유를 넘어 표현의 망종이 건강한 삶의 터전에 물난리를 냅니다. 온 나라가 조절 장애를 앓고 있습니다. 자기만 옳은 사회는 없습니다. 모두가 옳다고 할 수는 없지만 대부분이 옳습니다. 다만 옳고 그름의 잣대가 서로 다르다는 것을 인정해야 세상이 밝아지게 됩니다. 장마 전선이 오르내리다 힘을 잃을 날이 며칠 남지 않았습니다. 비가 그치면 폭염이 삶을 괴롭힐 것입니다. 몇 차례 태풍이 지나갈 겁니다. 여름이 지나가기 위해서 거쳐야 하는 불편들입니다. 정체되었던 바닷물을 뒤집고 공기를 바꿔 놓을 것입니다. 그때쯤이면 볼썽사나운 고성방가도 삿대질도 쓸려 가 버리면 좋겠습니다.

✦ 회피주의자

　이슈에 민감하면서도 달궈지고 있는 사회적 대립 관계에 발을 들여놓기 싫어서 일부러 회피를 합니다. 문제를 바라보는 시각이 옳고 그름만 존재하게 되고 실체적 진실은 이면으로 물러나게 되는 경우가 허다하게 일어납니다. 결국 이슈의 당사자는 피해자가 되고 주변에 산재한 이해관계인들이 자기주장을 확대시킵니다. 근거를 만들고 비약의 언어를 동원해서 당사자를 무력하게 만들어 갑니다. 치솟는 집값의 피해자는 집 없는 서민임에도 전월세를 내놓는 집주인, 건물주를 대변하는 목소리가 더 큽니다. 미투의 피해자는 피해 주장인이 되고 가해자는 죽어도 용서를 받지 못하도록 여론이 조성됩니다. 유례없는 강폭우로 제방이 무너지고 산이 허물어져 사망자와 이재민이 속출되는 과정 중에도 인재를 거론하며 복구 이후의 책임론을 주장하며 진영 싸움에 발동을 겁니다. 나와 생각이 같지 않으면 진영이 다른 적으로 간주하고 보는 것이 지금 우리가 거론하는 이슈의 핵심입니다. 수많은 시간과 목숨을 담보로 투쟁해 쟁취한 민주주의를 이제는 민주 독재라고 몰아세우기도 합니다. 기득권을 지키기 위한 몰염치한 사람들이 야합하고 있습니다. 욕지기가 치밀어서 회피를 택하고 있습니다. 지금 이성을 마비시키고 자기 이득에 걸맞은 억지 논리를 강화한 사람들을 멈추게 할 장치는 없어 보입니다. 다만, 잘못된 선택을 끝까지 멈추지 않고 패악을 저지른 사람은 반드시 역사에 영원한 악인으로 기록될 것이란 사실을 감당해야 할 것입니다. 침묵으로 지켜보고 있는 사람들을 두려워할 줄 알아야 합니다. 행동하고 있지 않다고 해서 모른 척하고 있다고 착각하면 안 됩니다. 예의 주시하고 있습니다. 누가 누구를 욕하고 있는지. 정당한 견제인지 부당한 공격인지. 다수를 위하고 있는지, 자기 이익을 지키려 하고 있는지. 모를 것 같죠! 다 알고 있습니다. 똥 묻은 막대기가 풍기는 구린내를 피해 있을 뿐입니다.

✦ 뾰루지

계속되는 비에 놀랐나 보다.
셀 수 없는 사람들이 물기에 젖은 잠 속으로 찾아와서
들쑤시고 가고 엉덩이가 들썩여서 일어났다 자빠졌다 하며
빗소리처럼 쉬지 못하는 밤이
결국 얼굴 여기저기에 뾰루지를 심어놓았다.
면도를 하다 벌겋게 부어오른 인중이 아프다.
이마에 거추장스럽게 불거진 돌출부를 비춰보는 거울 앞에서
진척 없이 늘어져 있는 생활이 긴장된다.
혼자 지키며 살아야 하는 시간이 길어질수록
나를 가꾸는 데 소홀해지고 있었다.
아무 옷이나 보이는 대로 입고
아무 음식이나 배만 채우면 만족했다.
마지못해 얼굴에 바르는 스킨과 로션도 유통 기한이 지난 거였다.
피부가 화가 날 만도 하다.
정성을 들여 가꾸지는 않아도 방치하지 말라고.
잘 입고 잘 먹고 잘 발라야겠다.
나에게 나태하지 않아야 삶이 진척된다.

✦ 격리

다들 입장이 있다는 말에 동의합니다.
나도 그래요.
하고 싶은 걸 언제까지나 억누를 수가 없겠지요.
가고 싶은 곳에 가고
먹고 싶은 음식을 찾아다니고 싶어요.
그리워지기만 하는 사람들을
보고 싶다고 보지 못해서 답답합니다.
무료함의 지속성에서 벗어나 보려고
슬쩍 밤길을 나서지만 사람을 피해 다녀야 하고
가까워지지 않도록 벽을 세웁니다.
멀리 두고 보는 관심이 필요할 때는 떨어지자고요.

✦ 애증의 한계

　미워하는 마음이 남아 있다는 것은 관계를 끊지 못하고 있다는 방증이다. 조건 없이 맺어진 사랑의 관계가 있다. 핏줄로 이어진 가족이 그렇다. 애초에 절연하려야 할 수 없는, 끊을 수 없다는 말이 적절하다. 시작부터 미움이 아니었을 것이다. 믿음에 가해진 오해가 서로의 마음에 흠집을 내서 원망이 되고 서운함이 깊어진 애증이라고 해야 맞다. 후회를 하면서도 조금 더 시간을 갖자고 미루고 미뤘다. 서로가 품고 있는 상처들이 옅어지면 연민이 서로를 불러들일 거라 믿기 때문이었다. 그러나 저절로 좋아지기만 기다리며 방치해서는 안 될 듯하다. 어쩌면 오해와 원망이 깊어져 메우지 못할 골이 파여 버릴 수도 있겠다는 생각이 든다. 이제 마음을 다잡고 가족이란 관계를 회복시켜야겠다. 단단하다고 믿었지만 사실은 형편없이 헐거운 불평으로 중지시켜 놨던 금제를 풀어야겠다. 한꺼번에 몇 년 동안 소원해졌던 시간을 없애 버리진 못할 것이다. 봉인했던 행복한 기억들을 소환하기 시작하는 것으로부터 시작해야 할 듯하다. 조건 없던 사랑에 서로 잘하자는 조건을 달았던 나부터 용서해야겠다. 서로 각자의 상실을 이겨 내지 못하고 아파했다는 것을 이해하도록 하자. 미안하다는 말도 용서라는 사과도 필요 없다. 원천적으로 그런 말들을 주고받아야 할 관계가 아니다. 느슨하게 묶어 놓고 풀 수 없다고 허위 다짐을 했던 매듭을 푼다. 한계가 분명한 애증을 놓아주어야겠다. 죽을 것만큼 사랑하던 시간을 복원해야겠다.

에필로그
#이별을 멈추다

지남철처럼 끌어당기는 그대에게
붙들리고 말았습니다.
반복해도 적응이 되지 않는
이별에 질려 지내고 있을 때
그대의 자력이 미치는 범위에 들어가자마자
이별이 멈추었습니다.
눈, 코, 입이 부동자세가 되어버렸습니다.
그대만 보이고 그대의 향기만 맡고
그대의 이름만 부릅니다.